날마다 하나님께 더 가까이 나아가는

_________________ 님께 드립니다.

100일 동안 하나님께 집중하는 시간

하루 한 장 성경 필사

100일 동안 하나님께 집중하는 시간

하루 한 장 성경 필사

Date. Sun Mon Tue Wed Thu Fri Sat

하나님께 더 가까이

토기장이

이런 책입니다

「하루 한 장 성경 필사」는 우리에게 큰 힘과 위로를 주는 성경 본문 100개를 담고 있습니다. 3~8절로 구성된 성경 본문은 하루에 한 페이지씩 필사를 하며 말씀을 묵상하기에 적당합니다. 100개의 본문 말씀을 100일 동안 하루에 한 페이지씩 꾸준히 써 나간다면 말씀을 묵상하는 습관을 들일 수 있을 것입니다.

이 책은 총 10개의 파트로 구성되어 있습니다. 'Part 1. 그리스도인의 삶을 쓰다'에는 하나님께 영광을 돌리는 그리스도인의 삶에 관한 말씀이 담겨 있습니다. 'Part 2. 믿음을 쓰다'에는 신실하신 하나님에 관한 말씀이 담겨 있습니다. 'Part 3. 위로를 쓰다'에는 우리가 연약할 때 함께하시고 위로하시는 하나님의 말씀이 담겨 있습니다. 'Part 4. 소망을 쓰다'에는 절망 가운데 소망을 주시는 하나님의 말씀이 담겨 있습니다. 'Part 5. 간구를 쓰다'에는 기도의 능력에 대한 말씀과 우리의 솔직한 간구가 담겨 있습니다. 'Part 6. 하나님의 뜻을 쓰다'에는 우리를 향하신 하나님의 뜻이 담겨 있습니다. 'Part 7. 지혜를 쓰다'에는 하나님이 주신 지혜로 이 세상을 살아가기 위한 방법이 담겨 있습니다. 'Part 8. 사랑을 쓰다'에는 우리를 향한 하나님의 사랑과 우리가 어떻게 이웃을 사랑해야 하는지에 관한 말씀이 담겨 있습니다. 'Part 9. 찬양을 쓰다'에는 하나님께 올려드리는 우리의 찬양이, 'Part 10. 축복을 쓰다'에는 우리를 향한 하나님의 축복의 말씀이 담겨 있습니다.

이 책은 자유롭게 활용할 수 있습니다. 순서대로 필사할 수도 있고, 마음에 감동이 오는 성경 말씀을 골라서 필사할 수도 있습니다. 개역개정 말씀으로 필사할 수도 있고, NIV 영어 말씀으로 필사할 수도 있습니다. 하루를 시작하기 전에 할 수도 있고, 하루를 마무리 지으면서 할 수도 있습니다. 어떤 방법이든, 어떤 시간이든, 하나님은 그 모든 순간 당신과 함께하실 것입니다.

이렇게 사용하세요

Day 13 | 여호와는 나의 목자시니

· 시편 23:1-6

1 여호와는 나의 목자시니 내게 부족함이 없으리로다

2 그가 나를 푸른 풀밭에 누이시며 쉴 만한 물 가로 인도하시는도다

3 내 영혼을 소생시키시고 자기 이름을 위하여 의의 길로 인도하시
는도다

4 내가 사망의 음침한 골짜기로 다닐지라도 해를 두려워하지 않을
것은 주께서 나와 함께하심이라 주의 지팡이와 막대기가 나를 안
위하시나이다

5 주께서 내 원수의 목전에서 내게 상을 차려 주시고 기름을 내 머리
에 부으셨으니 내 잔이 넘치나이다

6 내 평생에 선하심과 인자하심이 반드시 나를 따르리니 내가 여호
와의 집에 영원히 살리로다

개역개정 성경 말씀을
눈으로 천천히 읽습니다.

NIV

1 The LORD is my shepherd, I shall not be in want. 2 He makes me lie down in green pastures, he leads me beside quiet waters, 3 he restores my soul. He guides me in paths of righteousness for his name's sake. 4 Even though I walk through the valley of the shadow of death, I will fear no evil, for you are with me; your rod and your staff, they comfort me. 5 You prepare a table before me in the presence of my enemies. You anoint my head with oil; my cup overflows. 6 Surely goodness and love will follow me all the days of my life, and I will dwell in the house of the LORD forever.

NIV 영어 본문도 함께
읽을 수 있습니다.

Date.

읽은 말씀을 손으로
한 글자 한 글자 씁니다.

말씀을 쓴 아래 공간에
묵상이나 기도를
쓸 수도 있습니다.

차례

PART 1 그리스도인의 삶을 쓰다

PART 2 믿음을 쓰다

PART 3 위로를 쓰다

PART 4 소망을 쓰다

PART 5 간구를 쓰다

PART 6 | 하나님의 뜻을 쓰다

PART 7 | 지혜를 쓰다

PART 8 | 사랑을 쓰다

PART 9 | 찬양을 쓰다

PART 10 | 축복을 쓰다

Date.

Day 1 | 너희는 세상의 소금이니

· 마태복음 5:13-18

13 너희는 세상의 소금이니 소금이 만일 그 맛을 잃으면 무엇으로 짜게 하리요 후에는 아무 쓸 데 없어 다만 밖에 버려져 사람에게 밟힐 뿐이니라

14 너희는 세상의 빛이라 산 위에 있는 동네가 숨겨지지 못할 것이요

15 사람이 등불을 켜서 말 아래에 두지 아니하고 등경 위에 두나니 이러므로 집 안 모든 사람에게 비치느니라

16 이같이 너희 빛이 사람 앞에 비치게 하여 그들로 너희 착한 행실을 보고 하늘에 계신 너희 아버지께 영광을 돌리게 하라

17 내가 율법이나 선지자를 폐하러 온 줄로 생각하지 말라 폐하러 온 것이 아니요 완전하게 하려 함이라

18 진실로 너희에게 이르노니 천지가 없어지기 전에는 율법의 일점 일획도 결코 없어지지 아니하고 다 이루리라

NIV

[13]"You are the salt of the earth. But if the salt loses its saltiness, how can it be made
salty again? It is no longer good for anything, except to be thrown out and trampled
by men. [14]"You are the light of the world. A city on a hill cannot be hidden. [15]Neither
do people light a lamp and put it under a bowl. Instead they put it on its stand, and
it gives light to everyone in the house. [16]In the same way, let your light shine before
men, that they may see your good deeds and praise your Father in heaven. [17]"Do not
think that I have come to abolish the Law or the Prophets; I have not come to abolish
them but to fulfill them. [18]I tell you the truth, until heaven and earth disappear, not
the smallest letter, not the least stroke of a pen, will by any means disappear from the
Law until everything is accomplished.

Date.

Day 2 | 우는 자들과 함께 울라

· 로마서 12:15-21

15 즐거워하는 자들과 함께 즐거워하고 우는 자들과 함께 울라

16 서로 마음을 같이하며 높은 데 마음을 두지 말고 도리어 낮은 데
처하며 스스로 지혜 있는 체 하지 말라

17 아무에게도 악을 악으로 갚지 말고 모든 사람 앞에서 선한 일을
도모하라

18 할 수 있거든 너희로서는 모든 사람과 더불어 화목하라

19 내 사랑하는 자들아 너희가 친히 원수를 갚지 말고 하나님의 진노
하심에 맡기라 기록되었으되 원수 갚는 것이 내게 있으니 내가 갚
으리라고 주께서 말씀하시니라

20 네 원수가 주리거든 먹이고 목마르거든 마시게 하라 그리함으로
네가 숯불을 그 머리에 쌓아 놓으리라

21 악에게 지지 말고 선으로 악을 이기라

NIV

[15]Rejoice with those who rejoice; mourn with those who mourn. [16]Live in harmony
with one another. Do not be proud, but be willing to associate with people of low
position. Do not be conceited. [17]Do not repay anyone evil for evil. Be careful to do
what is right in the eyes of everybody. [18]If it is possible, as far as it depends on you,
live at peace with everyone. [19]Do not take revenge, my friends, but leave room for
God's wrath, for it is written: "It is mine to avenge; I will repay," says the Lord. [20]On
the contrary: "If your enemy is hungry, feed him; if he is thirsty, give him something
to drink. In doing this, you will heap burning coals on his head." [21]Do not be
overcome by evil, but overcome evil with good.

Date.

Day 3 | 새 사람을 입으라

· 에베소서 4:22-27

22 너희는 유혹의 욕심을 따라 썩어져 가는 구습을 따르는 옛 사람을 벗어 버리고

23 오직 너희의 심령이 새롭게 되어

24 하나님을 따라 의와 진리의 거룩함으로 지으심을 받은 새 사람을 입으라

25 그런즉 거짓을 버리고 각각 그 이웃과 더불어 참된 것을 말하라 이는 우리가 서로 지체가 됨이라

26 분을 내어도 죄를 짓지 말며 해가 지도록 분을 품지 말고

27 마귀에게 틈을 주지 말라

NIV

22You were taught, with regard to your former way of life, to put off your old self,
which is being corrupted by its deceitful desires; 23to be made new in the attitude of
your minds; 24and to put on the new self, created to be like God in true righteousness
and holiness. 25Therefore each of you must put off falsehood and speak truthfully
to his neighbor, for we are all members of one body. 26"In your anger do not sin":
Do not let the sun go down while you are still angry, 27and do not give the devil a
foothold.

Date.

Day 4 | 주의 장막에 머무를 자

· 시편 15:1-5

1 여호와여 주의 장막에 머무를 자 누구오며 주의 성산에 사는 자 누
구오니이까

2 정직하게 행하며 공의를 실천하며 그의 마음에 진실을 말하며

3 그의 혀로 남을 허물하지 아니하고 그의 이웃에게 악을 행하지 아
니하며 그의 이웃을 비방하지 아니하며

4 그의 눈은 망령된 자를 멸시하며 여호와를 두려워하는 자들을 존
대하며 그의 마음에 서원한 것은 해로울지라도 변하지 아니하며

5 이자를 받으려고 돈을 꾸어 주지 아니하며 뇌물을 받고 무죄한 자
를 해하지 아니하는 자이니 이런 일을 행하는 자는 영원히 흔들리
지 아니하리이다

NIV

1 LORD, who may dwell in your sanctuary? Who may live on your holy hill? 2 He whose
walk is blameless and who does what is righteous, who speaks the truth from his heart
3 and has no slander on his tongue, who does his neighbor no wrong and casts no slur
on his fellowman, 4 who despises a vile man but honors those who fear the LORD,
who keeps his oath even when it hurts, 5 who lends his money without usury and
does not accept a bribe against the innocent. He who does these things will never be
shaken.

Date.

Day 5 | 서로 친절하게 하며

· 에베소서 4:29-32

29 무릇 더러운 말은 너희 입 밖에도 내지 말고 오직 덕을 세우는 데
소용되는 대로 선한 말을 하여 듣는 자들에게 은혜를 끼치게 하라

30 하나님의 성령을 근심하게 하지 말라 그 안에서 너희가 구원의 날
까지 인치심을 받았느니라

31 너희는 모든 악독과 노함과 분냄과 떠드는 것과 비방하는 것을 모
든 악의와 함께 버리고

32 서로 친절하게 하며 불쌍히 여기며 서로 용서하기를 하나님이 그
리스도 안에서 너희를 용서하심과 같이 하라

NIV

29 Do not let any unwholesome talk come out of your mouths, but only what is helpful for building others up according to their needs, that it may benefit those who listen.
30 And do not grieve the Holy Spirit of God, with whom you were sealed for the day of redemption. 31 Get rid of all bitterness, rage and anger, brawling and slander, along with every form of malice. 32 Be kind and compassionate to one another, forgiving each other, just as in Christ God forgave you.

Date.

Day 6 | 자족하는 마음

· 디모데전서 6:6-12

6 그러나 자족하는 마음이 있으면 경건은 큰 이익이 되느니라

7 우리가 세상에 아무 것도 가지고 온 것이 없으매 또한 아무 것도 가
지고 가지 못하리니

8 우리가 먹을 것과 입을 것이 있은즉 족한 줄로 알 것이니라

9 부하려 하는 자들은 시험과 올무와 여러 가지 어리석고 해로운 욕
심에 떨어지나니 곧 사람으로 파멸과 멸망에 빠지게 하는 것이라

10 돈을 사랑함이 일만 악의 뿌리가 되나니 이것을 탐내는 자들은 미
혹을 받아 믿음에서 떠나 많은 근심으로써 자기를 찔렀도다

11 오직 너 하나님의 사람아 이것들을 피하고 의와 경건과 믿음과 사
랑과 인내와 온유를 따르며

12 믿음의 선한 싸움을 싸우라 영생을 취하라 이를 위하여 네가 부르
심을 받았고 많은 증인 앞에서 선한 증언을 하였도다

NIV

[6]But godliness with contentment is great gain. [7]For we brought nothing into the
world, and we can take nothing out of it. [8]But if we have food and clothing, we will
be content with that. [9]People who want to get rich fall into temptation and a trap and
into many foolish and harmful desires that plunge men into ruin and destruction.
[10]For the love of money is a root of all kinds of evil. Some people, eager for money,
have wandered from the faith and pierced themselves with many griefs. [11]But you,
man of God, flee from all this, and pursue righteousness, godliness, faith, love,
endurance and gentleness. [12]Fight the good fight of the faith. Take hold of the eternal
life to which you were called when you made your good confession in the presence of
many witnesses.

Date.

Day 7 | 내가 기뻐하는 금식은

· 이사야 58:6-9

6 내가 기뻐하는 금식은 흉악의 결박을 풀어 주며 멍에의 줄을 끌러
주며 압제 당하는 자를 자유하게 하며 모든 멍에를 꺾는 것이 아니
겠느냐

7 또 주린 자에게 네 양식을 나누어 주며 유리하는 빈민을 집에 들이
며 헐벗은 자를 보면 입히며 또 네 골육을 피하여 스스로 숨지 아니
하는 것이 아니겠느냐

8 그리하면 네 빛이 새벽같이 비칠 것이며 네 치유가 급속할 것이며
네 공의가 네 앞에 행하고 여호와의 영광이 네 뒤에 호위하리니

9 네가 부를 때에는 나 여호와가 응답하겠고 네가 부르짖을 때에는
내가 여기 있다 하리라

NIV

6 "Is not this the kind of fasting I have chosen: to loose the chains of injustice and
untie the cords of the yoke, to set the oppressed free and break every yoke? 7 Is it not
to share your food with the hungry and to provide the poor wanderer with shelter-
when you see the naked, to clothe him, and not to turn away from your own flesh and
blood? 8 Then your light will break forth like the dawn, and your healing will quickly
appear; then your righteousness will go before you, and the glory of the LORD will be
your rear guard. 9 Then you will call, and the LORD will answer; you will cry for help,
and he will say: Here am I.

Date.

Day 8 | 악을 미워하고 선에 속하라

· 로마서 12:9-14

9 사랑에는 거짓이 없나니 악을 미워하고 선에 속하라

10 형제를 사랑하여 서로 우애하고 존경하기를 서로 먼저 하며

11 부지런하여 게으르지 말고 열심을 품고 주를 섬기라

12 소망 중에 즐거워하며 환난 중에 참으며 기도에 항상 힘쓰며

13 성도들의 쓸 것을 공급하며 손 대접하기를 힘쓰라

14 너희를 박해하는 자를 축복하라 축복하고 저주하지 말라

NIV

9 Love must be sincere. Hate what is evil; cling to what is good. 10 Be devoted to one
another in brotherly love. Honor one another above yourselves. 11 Never be lacking
in zeal, but keep your spiritual fervor, serving the Lord. 12 Be joyful in hope, patient
in affliction, faithful in prayer. 13 Share with God's people who are in need. Practice
hospitality. 14 Bless those who persecute you; bless and do not curse.

Date.

Day 9 | 행함이 없는 믿음은

· 야고보서 2:14-18

14 내 형제들아 만일 사람이 믿음이 있노라 하고 행함이 없으면 무슨
유익이 있으리요 그 믿음이 능히 자기를 구원하겠느냐

15 만일 형제나 자매가 헐벗고 일용할 양식이 없는데

16 너희 중에 누구든지 그에게 이르되 평안히 가라, 덥게 하라, 배부
르게 하라 하며 그 몸에 쓸 것을 주지 아니하면 무슨 유익이 있으
리요

17 이와 같이 행함이 없는 믿음은 그 자체가 죽은 것이라

18 어떤 사람은 말하기를 너는 믿음이 있고 나는 행함이 있으니 행함
이 없는 네 믿음을 내게 보이라 나는 행함으로 내 믿음을 네게 보
이리라 하리라

NIV

14What good is it, my brothers, if a man claims to have faith but has no deeds? Can
such faith save him? 15Suppose a brother or sister is without clothes and daily food.
16If one of you says to him, "Go, I wish you well; keep warm and well fed," but does
nothing about his physical needs, what good is it? 17In the same way, faith by itself,
if it is not accompanied by action, is dead. 18But someone will say, "You have faith; I
have deeds." Show me your faith without deeds, and I will show you my faith by what
I do.

Date.

Day 10 | 빛의 자녀들처럼 행하라

· 에베소서 5:8-14

8 너희가 전에는 어둠이더니 이제는 주 안에서 빛이라 빛의 자녀들
처럼 행하라

9 빛의 열매는 모든 착함과 의로움과 진실함에 있느니라

10 주를 기쁘시게 할 것이 무엇인가 시험하여 보라

11 너희는 열매 없는 어둠의 일에 참여하지 말고 도리어 책망하라

12 그들이 은밀히 행하는 것들은 말하기도 부끄러운 것들이라

13 그러나 책망을 받는 모든 것은 빛으로 말미암아 드러나나니 드러
나는 것마다 빛이니라

14 그러므로 이르시기를 잠자는 자여 깨어서 죽은 자들 가운데서 일
어나라 그리스도께서 너에게 비추이시리라 하셨느니라

NIV

[8]For you were once darkness, but now you are light in the Lord. Live as children
of light [9](for the fruit of the light consists in all goodness, righteousness and truth)
[10]and find out what pleases the Lord. [11]Have nothing to do with the fruitless deeds
of darkness, but rather expose them. [12]For it is shameful even to mention what the
disobedient do in secret. [13]But everything exposed by the light becomes visible, [14]for
it is light that makes everything visible. This is why it is said: "Wake up, O sleeper, rise
from the dead, and Christ will shine on you."

Date.

Day 11 | 하나님의 전신 갑주를 취하라

· 에베소서 6:10-17

10 끝으로 너희가 주 안에서와 그 힘의 능력으로 강건하여지고

11 마귀의 간계를 능히 대적하기 위하여 하나님의 전신 갑주를 입으라

12 우리의 씨름은 혈과 육을 상대하는 것이 아니요 통치자들과 권세들과 이 어둠의 세상 주관자들과 하늘에 있는 악의 영들을 상대함이라

13 그러므로 하나님의 전신 갑주를 취하라 이는 악한 날에 너희가 능히 대적하고 모든 일을 행한 후에 서기 위함이라

14 그런즉 서서 진리로 너희 허리 띠를 띠고 의의 호심경을 붙이고

15 평안의 복음이 준비한 것으로 신을 신고

16 모든 것 위에 믿음의 방패를 가지고 이로써 능히 악한 자의 모든 불화살을 소멸하고

17 구원의 투구와 성령의 검 곧 하나님의 말씀을 가지라

NIV

[10]Finally, be strong in the Lord and in his mighty power. [11]Put on the full armor of
God so that you can take your stand against the devil's schemes. [12]For our struggle
is not against flesh and blood, but against the rulers, against the authorities, against
the powers of this dark world and against the spiritual forces of evil in the heavenly
realms. [13]Therefore put on the full armor of God, so that when the day of evil
comes, you may be able to stand your ground, and after you have done everything, to
stand. [14]Stand firm then, with the belt of truth buckled around your waist, with the
breastplate of righteousness in place, [15]and with your feet fitted with the readiness
that comes from the gospel of peace. [16]In addition to all this, take up the shield of
faith, with which you can extinguish all the flaming arrows of the evil one. [17]Take the
helmet of salvation and the sword of the Spirit, which is the word of God.

Date.

Day 12 | 너희는 이 세대를 본받지 말고

· 로마서 12:1-5

1 그러므로 형제들아 내가 하나님의 모든 자비하심으로 너희를 권하
노니 너희 몸을 하나님이 기뻐하시는 거룩한 산 제물로 드리라 이
는 너희가 드릴 영적 예배니라

2 너희는 이 세대를 본받지 말고 오직 마음을 새롭게 함으로 변화를
받아 하나님의 선하시고 기뻐하시고 온전하신 뜻이 무엇인지 분별
하도록 하라

3 내게 주신 은혜로 말미암아 너희 각 사람에게 말하노니 마땅히 생
각할 그 이상의 생각을 품지 말고 오직 하나님께서 각 사람에게 나
누어 주신 믿음의 분량대로 지혜롭게 생각하라

4 우리가 한 몸에 많은 지체를 가졌으나 모든 지체가 같은 기능을 가
진 것이 아니니

5 이와 같이 우리 많은 사람이 그리스도 안에서 한 몸이 되어 서로 지
체가 되었느니라

NIV

1Therefore, I urge you, brothers, in view of God's mercy, to offer your bodies as living
sacrifices, holy and pleasing to God—this is your spiritual act of worship. 2Do not
conform any longer to the pattern of this world, but be transformed by the renewing
of your mind. Then you will be able to test and approve what God's will is—his good,
pleasing and perfect will. 3For by the grace given me I say to every one of you: Do not
think of yourself more highly than you ought, but rather think of yourself with sober
judgment, in accordance with the measure of faith God has given you. 4Just as each
of us has one body with many members, and these members do not all have the same
function, 5so in Christ we who are many form one body, and each member belongs to
all the others.

Date.

PART 2. 믿음을 쓰다

Date.

Day 13 | 여호와는 나의 목자시니

· 시편 23:1-6

1 여호와는 나의 목자시니 내게 부족함이 없으리로다

2 그가 나를 푸른 풀밭에 누이시며 쉴 만한 물 가로 인도하시는도다

3 내 영혼을 소생시키시고 자기 이름을 위하여 의의 길로 인도하시는도다

4 내가 사망의 음침한 골짜기로 다닐지라도 해를 두려워하지 않을 것은 주께서 나와 함께하심이라 주의 지팡이와 막대기가 나를 안위하시나이다

5 주께서 내 원수의 목전에서 내게 상을 차려 주시고 기름을 내 머리에 부으셨으니 내 잔이 넘치나이다

6 내 평생에 선하심과 인자하심이 반드시 나를 따르리니 내가 여호와의 집에 영원히 살리로다

NIV

1The LORD is my shepherd, I shall not be in want. 2He makes me lie down in green
pastures, he leads me beside quiet waters, 3he restores my soul. He guides me in paths
of righteousness for his name's sake. 4Even though I walk through the valley of the
shadow of death, I will fear no evil, for you are with me; your rod and your staff,
they comfort me. 5You prepare a table before me in the presence of my enemies. You
anoint my head with oil; my cup overflows. 6Surely goodness and love will follow me
all the days of my life, and I will dwell in the house of the LORD forever.

Date.

Day 14 | 여호와를 영원히 신뢰하라

· 이사야 26:3-7

3 주께서 심지가 견고한 자를 평강하고 평강하도록 지키시리니 이는 그가 주를 신뢰함이니이다

4 너희는 여호와를 영원히 신뢰하라 주 여호와는 영원한 반석이심이로다

5 높은 데에 거주하는 자를 낮추시며 솟은 성을 헐어 땅에 엎으시되 진토에 미치게 하셨도다

6 발이 그것을 밟으리니 곧 빈궁한 자의 발과 곤핍한 자의 걸음이리로다

7 의인의 길은 정직함이여 정직하신 주께서 의인의 첩경을 평탄하게 하시도다

NIV

3 You will keep in perfect peace him whose mind is steadfast, because he trusts in
you. 4 Trust in the LORD forever, for the LORD, the LORD, is the Rock eternal. 5 He
humbles those who dwell on high, he lays the lofty city low; he levels it to the ground
and casts it down to the dust. 6 Feet trample it down—the feet of the oppressed, the
footsteps of the poor. 7 The path of the righteous is level; O upright One, you make
the way of the righteous smooth.

Date.

Day 15 | 강하고 담대하라

· 여호수아 1:6-9

6 강하고 담대하라 너는 내가 그들의 조상에게 맹세하여 그들에게
주리라 한 땅을 이 백성에게 차지하게 하리라

7 오직 강하고 극히 담대하여 나의 종 모세가 네게 명령한 그 율법을
다 지켜 행하고 우로나 좌로나 치우치지 말라 그리하면 어디로 가
든지 형통하리니

8 이 율법책을 네 입에서 떠나지 말게 하며 주야로 그것을 묵상하여
그 안에 기록된 대로 다 지켜 행하라 그리하면 네 길이 평탄하게
될 것이며 네가 형통하리라

9 내가 네게 명령한 것이 아니냐 강하고 담대하라 두려워하지 말며
놀라지 말라 네가 어디로 가든지 네 하나님 여호와가 너와 함께하
느니라 하시니라

NIV

6Be strong and courageous, because you will lead these people to inherit the land I swore to their forefathers to give them. 7Be strong and very courageous. Be careful to obey all the law my servant Moses gave you; do not turn from it to the right or to the left, that you may be successful wherever you go. 8Do not let this Book of the Law depart from your mouth; meditate on it day and night, so that you may be careful to do everything written in it. Then you will be prosperous and successful. 9Have I not commanded you? Be strong and courageous. Do not be terrified; do not be discouraged, for the LORD your God will be with you wherever you go.

Date.

Day 16 | 하나님은 우리의 피난처시요

· 시편 46:1-3, 8-11

1 하나님은 우리의 피난처시요 힘이시니 환난 중에 만날 큰 도움이 시라

2 그러므로 땅이 변하든지 산이 흔들려 바다 가운데에 빠지든지

3 바닷물이 솟아나고 뛰놀든지 그것이 넘침으로 산이 흔들릴지라도 우리는 두려워하지 아니하리로다 (셀라)

8 와서 여호와의 행적을 볼지어다 그가 땅을 황무지로 만드셨도다

9 그가 땅 끝까지 전쟁을 쉬게 하심이여 활을 꺾고 창을 끊으며 수레를 불사르시는도다

10 이르시기를 너희는 가만히 있어 내가 하나님 됨을 알지어다 내가 뭇 나라 중에서 높임을 받으리라 내가 세계 중에서 높임을 받으리라 하시도다

11 만군의 여호와께서 우리와 함께하시니 야곱의 하나님은 우리의 피난처시로다 (셀라)

NIV

1God is our refuge and strength, an ever-present help in trouble. 2Therefore we will
not fear, though the earth give way and the mountains fall into the heart of the sea,
3though its waters roar and foam and the mountains quake with their surging. Selah
8Come and see the works of the LORD, the desolations he has brought on the earth.
9He makes wars cease to the ends of the earth; he breaks the bow and shatters the
spear, he burns the shields with fire. 10'Be still, and know that I am God; I will be
exalted among the nations, I will be exalted in the earth.' 11The LORD Almighty is with
us; the God of Jacob is our fortress. Selah

Date.

Day 17 | 믿음의 주, 예수를 바라보자

· 히브리서 12:1-3

1 이러므로 우리에게 구름같이 둘러싼 허다한 증인들이 있으니 모든
무거운 것과 얽매이기 쉬운 죄를 벗어 버리고 인내로써 우리 앞에
당한 경주를 하며

2 믿음의 주요 또 온전하게 하시는 이인 예수를 바라보자 그는 그 앞
에 있는 기쁨을 위하여 십자가를 참으사 부끄러움을 개의치 아니
하시더니 하나님 보좌 우편에 앉으셨느니라

3 너희가 피곤하여 낙심하지 않기 위하여 죄인들이 이같이 자기에게
거역한 일을 참으신 이를 생각하라

NIV

[1]Therefore, since we are surrounded by such a great cloud of witnesses, let us throw
off everything that hinders and the sin that so easily entangles, and let us run with
perseverance the race marked out for us. [2]Let us fix our eyes on Jesus, the author and
perfecter of our faith, who for the joy set before him endured the cross, scorning its
shame, and sat down at the right hand of the throne of God. [3]Consider him who
endured such opposition from sinful men, so that you will not grow weary and lose
heart.

Date.

Day 18 | 믿음은 바라는 것들의 실상이요

· 히브리서 11:1-3, 6

1 믿음은 바라는 것들의 실상이요 보이지 않는 것들의 증거니

2 선진들이 이로써 증거를 얻었느니라

3 믿음으로 모든 세계가 하나님의 말씀으로 지어진 줄을 우리가 아
나니 보이는 것은 나타난 것으로 말미암아 된 것이 아니니라

6 믿음이 없이는 하나님을 기쁘시게 하지 못하나니 하나님께 나아
가는 자는 반드시 그가 계신 것과 또한 그가 자기를 찾는 자들에게
상 주시는 이심을 믿어야 할지니라

NIV

1Now faith is being sure of what we hope for and certain of what we do not see. 2This is what the ancients were commended for. 3By faith we understand that the universe was formed at God's command, so that what is seen was not made out of what was visible. 6And without faith it is impossible to please God, because anyone who comes to him must believe that he exists and that he rewards those who earnestly seek him.

Date.

Day 19 | 내게 능력 주시는 자 안에서

· 빌립보서 4:9-13

9 너희는 내게 배우고 받고 듣고 본 바를 행하라 그리하면 평강의 하
나님이 너희와 함께 계시리라

10 내가 주 안에서 크게 기뻐함은 너희가 나를 생각하던 것이 이제
다시 싹이 남이니 너희가 또한 이를 위하여 생각은 하였으나 기회
가 없었느니라

11 내가 궁핍하므로 말하는 것이 아니니라 어떠한 형편에든지 나는
자족하기를 배웠노니

12 나는 비천에 처할 줄도 알고 풍부에 처할 줄도 알아 모든 일 곧 배
부름과 배고픔과 풍부와 궁핍에도 처할 줄 아는 일체의 비결을 배
웠노라

13 내게 능력 주시는 자 안에서 내가 모든 것을 할 수 있느니라

NIV

9Whatever you have learned or received or heard from me, or seen in me—put it into
practice. And the God of peace will be with you. 10I rejoice greatly in the Lord that
at last you have renewed your concern for me. Indeed, you have been concerned, but
you had no opportunity to show it. 11I am not saying this because I am in need, for
I have learned to be content whatever the circumstances. 12I know what it is to be in
need, and I know what it is to have plenty. I have learned the secret of being content
in any and every situation, whether well fed or hungry, whether living in plenty or in
want. 13I can do everything through him who gives me strength.

Date.

Day 20 | 그가 징계를 받으므로

· 이사야 53:2-6

2 그는 주 앞에서 자라나기를 연한 순 같고 마른 땅에서 나온 뿌리 같
아서 고운 모양도 없고 풍채도 없은즉 우리가 보기에 흠모할 만한
아름다운 것이 없도다

3 그는 멸시를 받아 사람들에게 버림 받았으며 간고를 많이 겪었으
며 질고를 아는 자라 마치 사람들이 그에게서 얼굴을 가리는 것같
이 멸시를 당하였고 우리도 그를 귀히 여기지 아니하였도다

4 그는 실로 우리의 질고를 지고 우리의 슬픔을 당하였거늘 우리는
생각하기를 그는 징벌을 받아 하나님께 맞으며 고난을 당한다 하
였노라

5 그가 찔림은 우리의 허물 때문이요 그가 상함은 우리의 죄악 때문
이라 그가 징계를 받으므로 우리는 평화를 누리고 그가 채찍에 맞
으므로 우리는 나음을 받았도다

6 우리는 다 양 같아서 그릇 행하여 각기 제 길로 갔거늘 여호와께서
는 우리 모두의 죄악을 그에게 담당시키셨도다

NIV

[2]He grew up before him like a tender shoot, and like a root out of dry ground. He had no beauty or majesty to attract us to him, nothing in his appearance that we should desire him. [3]He was despised and rejected by men, a man of sorrows, and familiar with suffering. Like one from whom men hide their faces he was despised, and we esteemed him not. [4]Surely he took up our infirmities and carried our sorrows, yet we considered him stricken by God, smitten by him, and afflicted. [5]But he was pierced for our transgressions, he was crushed for our iniquities; the punishment that brought us peace was upon him, and by his wounds we are healed. [6]We all, like sheep, have gone astray, each of us has turned to his own way; and the LORD has laid on him the iniquity of us all.

Date.

Day 21 | 너희는 참새보다 귀하니라

· 마태복음 10:28-33

28 몸은 죽여도 영혼은 능히 죽이지 못하는 자들을 두려워하지 말고 오직 몸과 영혼을 능히 지옥에 멸하실 수 있는 이를 두려워하라

29 참새 두 마리가 한 앗사리온에 팔리지 않느냐 그러나 너희 아버지께서 허락하지 아니하시면 그 하나도 땅에 떨어지지 아니하리라

30 너희에게는 머리털까지 다 세신 바 되었나니

31 두려워하지 말라 너희는 많은 참새보다 귀하니라

32 누구든지 사람 앞에서 나를 시인하면 나도 하늘에 계신 내 아버지 앞에서 그를 시인할 것이요

33 누구든지 사람 앞에서 나를 부인하면 나도 하늘에 계신 내 아버지 앞에서 그를 부인하리라

NIV

28 Do not be afraid of those who kill the body but cannot kill the soul. Rather, be afraid of the One who can destroy both soul and body in hell. 29 Are not two sparrows sold for a penny? Yet not one of them will fall to the ground apart from the will of your Father. 30 And even the very hairs of your head are all numbered. 31 So don't be afraid; you are worth more than many sparrows. 32 Whoever acknowledges me before men, I will also acknowledge him before my Father in heaven. 33 But whoever disowns me before men, I will disown him before my Father in heaven.

Date.

Day 22 | 하나님의 자녀가 되는 권세

· 요한복음 1:9-14

9 참 빛 곧 세상에 와서 각 사람에게 비추는 빛이 있었나니

10 그가 세상에 계셨으며 세상은 그로 말미암아 지은 바 되었으되 세상이 그를 알지 못하였고

11 자기 땅에 오매 자기 백성이 영접하지 아니하였으나

12 영접하는 자 곧 그 이름을 믿는 자들에게는 하나님의 자녀가 되는 권세를 주셨으니

13 이는 혈통으로나 육정으로나 사람의 뜻으로 나지 아니하고 오직 하나님께로부터 난 자들이니라

14 말씀이 육신이 되어 우리 가운데 거하시매 우리가 그의 영광을 보니 아버지의 독생자의 영광이요 은혜와 진리가 충만하더라

NIV

9The true light that gives light to every man was coming into the world. 10He was in
the world, and though the world was made through him, the world did not recognize
him. 11He came to that which was his own, but his own did not receive him. 12Yet to
all who received him, to those who believed in his name, he gave the right to become
children of God—13children born not of natural descent, nor of human decision or
a husband's will, but born of God. 14The Word became flesh and made his dwelling
among us. We have seen his glory, the glory of the One and Only, who came from the
Father, full of grace and truth.

Date.

Day 23 | 능력은 하나님께

· 고린도후서 4:5-10

5 우리는 우리를 전파하는 것이 아니라 오직 그리스도 예수의 주 되
신 것과 또 예수를 위하여 우리가 너희의 종 된 것을 전파함이라

6 어두운 데에 빛이 비치라 말씀하셨던 그 하나님께서 예수 그리스
도의 얼굴에 있는 하나님의 영광을 아는 빛을 우리 마음에 비추셨
느니라

7 우리가 이 보배를 질그릇에 가졌으니 이는 심히 큰 능력은 하나님
께 있고 우리에게 있지 아니함을 알게 하려 함이라

8 우리가 사방으로 욱여쌈을 당하여도 싸이지 아니하며 답답한 일을
당하여도 낙심하지 아니하며

9 박해를 받아도 버린 바 되지 아니하며 거꾸러뜨림을 당하여도 망
하지 아니하고

10 우리가 항상 예수의 죽음을 몸에 짊어짐은 예수의 생명이 또한 우
리 몸에 나타나게 하려 함이라

NIV

5 For we do not preach ourselves, but Jesus Christ as Lord, and ourselves as your servants for Jesus' sake. 6 For God, who said, 'Let light shine out of darkness,' made his light shine in our hearts to give us the light of the knowledge of the glory of God in the face of Christ. 7 But we have this treasure in jars of clay to show that this all-surpassing power is from God and not from us. 8 We are hard pressed on every side, but not crushed; perplexed, but not in despair; 9 persecuted, but not abandoned; struck down, but not destroyed. 10 We always carry around in our body the death of Jesus, so that the life of Jesus may also be revealed in our body.

Date.

Day 24 | 결코 정죄함이 없나니

· 로마서 8:1-6

1 그러므로 이제 그리스도 예수 안에 있는 자에게는 결코 정죄함이
없나니

2 이는 그리스도 예수 안에 있는 생명의 성령의 법이 죄와 사망의 법
에서 너를 해방하였음이라

3 율법이 육신으로 말미암아 연약하여 할 수 없는 그것을 하나님은
하시나니 곧 죄로 말미암아 자기 아들을 죄 있는 육신의 모양으로
보내어 육신에 죄를 정하사

4 육신을 따르지 않고 그 영을 따라 행하는 우리에게 율법의 요구가
이루어지게 하려 하심이니라

5 육신을 따르는 자는 육신의 일을, 영을 따르는 자는 영의 일을 생각
하나니

6 육신의 생각은 사망이요 영의 생각은 생명과 평안이니라

NIV

1Therefore, there is now no condemnation for those who are in Christ Jesus, 2because
through Christ Jesus the law of the Spirit of life set me free from the law of sin
and death. 3For what the law was powerless to do in that it was weakened by the
sinful nature, God did by sending his own Son in the likeness of sinful man to be
a sin offering. And so he condemned sin in sinful man, 4in order that the righteous
requirements of the law might be fully met in us, who do not live according to the
sinful nature but according to the Spirit. 5Those who live according to the sinful
nature have their minds set on what that nature desires; but those who live in
accordance with the Spirit have their minds set on what the Spirit desires. 6The mind
of sinful man is death, but the mind controlled by the Spirit is life and peace;

Date.

Day 25 | 믿음 안에서 사는 것이라

· 갈라디아서 2:17-21

17 만일 우리가 그리스도 안에서 의롭게 되려 하다가 죄인으로 드러
나면 그리스도께서 죄를 짓게 하는 자냐 결코 그럴 수 없느니라

18 만일 내가 헐었던 것을 다시 세우면 내가 나를 범법한 자로 만드
는 것이라

19 내가 율법으로 말미암아 율법에 대하여 죽었나니 이는 하나님에
대하여 살려 함이라

20 내가 그리스도와 함께 십자가에 못 박혔나니 그런즉 이제는 내가
사는 것이 아니요 오직 내 안에 그리스도께서 사시는 것이라 이
제 내가 육체 가운데 사는 것은 나를 사랑하사 나를 위하여 자기
자신을 버리신 하나님의 아들을 믿는 믿음 안에서 사는 것이라

21 내가 하나님의 은혜를 폐하지 아니하노니 만일 의롭게 되는 것이
율법으로 말미암으면 그리스도께서 헛되이 죽으셨느니라

NIV

17"If, while we seek to be justified in Christ, it becomes evident that we ourselves are sinners, does that mean that Christ promotes sin? Absolutely not! 18If I rebuild what I destroyed, I prove that I am a lawbreaker. 19For through the law I died to the law so that I might live for God. 20I have been crucified with Christ and I no longer live, but Christ lives in me. The life I live in the body, I live by faith in the Son of God, who loved me and gave himself for me. 21I do not set aside the grace of God, for if righteousness could be gained through the law, Christ died for nothing!"

Date.

Day 26 | 모든 것을 해로 여김은

· 빌립보서 3:7-12

7 그러나 무엇이든지 내게 유익하던 것을 내가 그리스도를 위하여
다 해로 여길뿐더러

8 또한 모든 것을 해로 여김은 내 주 그리스도 예수를 아는 지식이 가
장 고상하기 때문이라 내가 그를 위하여 모든 것을 잃어버리고 배
설물로 여김은 그리스도를 얻고

9 그 안에서 발견되려 함이니 내가 가진 의는 율법에서 난 것이 아니
요 오직 그리스도를 믿음으로 말미암은 것이니 곧 믿음으로 하나
님께로부터 난 의라

10 내가 그리스도와 그 부활의 권능과 그 고난에 참여함을 알고자 하
여 그의 죽으심을 본받아

11 어떻게 해서든지 죽은 자 가운데서 부활에 이르려 하노니

12 내가 이미 얻었다 함도 아니요 온전히 이루었다 함도 아니라 오직
내가 그리스도 예수께 잡힌 바 된 그것을 잡으려고 달려가노라

NIV

7But whatever was to my profit I now consider loss for the sake of Christ. 8What is
more, I consider everything a loss compared to the surpassing greatness of knowing
Christ Jesus my Lord, for whose sake I have lost all things. I consider them rubbish,
that I may gain Christ 9and be found in him, not having a righteousness of my own
that comes from the law, but that which is through faith in Christ—the righteousness
that comes from God and is by faith. 10I want to know Christ and the power of his
resurrection and the fellowship of sharing in his sufferings, becoming like him in
his death, 11and so, somehow, to attain to the resurrection from the dead. 12Not that
I have already obtained all this, or have already been made perfect, but I press on to
take hold of that for which Christ Jesus took hold of me.

Date.

Day 27 | 주는 나의 방패시요

· 시편 3:1-8

1 여호와여 나의 대적이 어찌 그리 많은지요 일어나 나를 치는 자가 많으니이다

2 많은 사람이 나를 대적하여 말하기를 그는 하나님께 구원을 받지 못한다 하나이다 (셀라)

3 여호와여 주는 나의 방패시요 나의 영광이시요 나의 머리를 드시는 자이시니이다

4 내가 나의 목소리로 여호와께 부르짖으니 그의 성산에서 응답하시는도다 (셀라)

5 내가 누워 자고 깨었으니 여호와께서 나를 붙드심이로다

6 천만인이 나를 에워싸 진 친다 하여도 나는 두려워하지 아니하리이다

7 여호와여 일어나소서 나의 하나님이여 나를 구원하소서 주께서 나의 모든 원수의 뺨을 치시며 악인의 이를 꺾으셨나이다

8 구원은 여호와께 있사오니 주의 복을 주의 백성에게 내리소서 (셀라)

NIV

1 O LORD, how many are my foes! How many rise up against me! 2 Many are saying of me, "God will not deliver him." Selah 3 But you are a shield around me, O LORD; you bestow glory on me and lift up my head. 4 To the LORD I cry aloud, and he answers me from his holy hill. Selah 5 I lie down and sleep; I wake again, because the LORD sustains me. 6 I will not fear the tens of thousands drawn up against me on every side.
7 Arise, O LORD! Deliver me, O my God! Strike all my enemies on the jaw; break the teeth of the wicked. 8 From the LORD comes deliverance. May your blessing be on your people. Selah

Date.

Day 28 | 나를 믿으라

· 요한복음 14:1-6

1 너희는 마음에 근심하지 말라 하나님을 믿으니 또 나를 믿으라

2 내 아버지 집에 거할 곳이 많도다 그렇지 않으면 너희에게 일렀으
리라 내가 너희를 위하여 거처를 예비하러 가노니

3 가서 너희를 위하여 거처를 예비하면 내가 다시 와서 너희를 내게
로 영접하여 나 있는 곳에 너희도 있게 하리라

4 내가 어디로 가는지 그 길을 너희가 아느니라

5 도마가 이르되 주여 주께서 어디로 가시는지 우리가 알지 못하거
늘 그 길을 어찌 알겠사옵나이까

6 예수께서 이르시되 내가 곧 길이요 진리요 생명이니 나로 말미암
지 않고는 아버지께로 올 자가 없느니라

NIV

[1]"Do not let your hearts be troubled. Trust in God; trust also in me. [2]In my Father's house are many rooms; if it were not so, I would have told you. I am going there to prepare a place for you. [3]And if I go and prepare a place for you, I will come back and take you to be with me that you also may be where I am. [4]You know the way to the place where I am going." [5]Thomas said to him, "Lord, we don't know where you are going, so how can we know the way?" [6]Jesus answered, "I am the way and the truth and the life. No one comes to the Father except through me.

Date.

Day 29 | 주 여호와는 나의 힘이시라

· 하박국 3:16-19

16 내가 들었으므로 내 창자가 흔들렸고 그 목소리로 말미암아 내 입
술이 떨렸도다 무리가 우리를 치러 올라오는 환난 날을 내가 기다
리므로 썩이는 것이 내 뼈에 들어왔으며 내 몸은 내 처소에서 떨
리는도다

17 비록 무화과나무가 무성하지 못하며 포도나무에 열매가 없으며
감람나무에 소출이 없으며 밭에 먹을 것이 없으며 우리에 양이 없
으며 외양간에 소가 없을지라도

18 나는 여호와로 말미암아 즐거워하며 나의 구원의 하나님으로 말
미암아 기뻐하리로다

19 주 여호와는 나의 힘이시라 나의 발을 사슴과 같게 하사 나를 나
의 높은 곳으로 다니게 하시리로다 이 노래는 지휘하는 사람을 위
하여 내 수금에 맞춘 것이니라

NIV

[16]I heard and my heart pounded, my lips quivered at the sound; decay crept into my bones, and my legs trembled. Yet I will wait patiently for the day of calamity to come on the nation invading us. [17]Though the fig tree does not bud and there are no grapes on the vines, though the olive crop fails and the fields produce no food, though there are no sheep in the pen and no cattle in the stalls, [18]yet I will rejoice in the LORD, I will be joyful in God my Savior. [19]The Sovereign LORD is my strength; he makes my feet like the feet of a deer, he enables me to go on the heights. For the director of music. On my stringed instruments.

Date.

PART 3. 위로를 쓰다

Date.

Day 30 | 마음이 상한 자를 가까이하시고

· 시편 34:8-10, 15-18

8 너희는 여호와의 선하심을 맛보아 알지어다 그에게 피하는 자는 복이 있도다

9 너희 성도들아 여호와를 경외하라 그를 경외하는 자에게는 부족함이 없도다

10 젊은 사자는 궁핍하여 주릴지라도 여호와를 찾는 자는 모든 좋은 것에 부족함이 없으리로다

15 여호와의 눈은 의인을 향하시고 그의 귀는 그들의 부르짖음에 기울이시는도다

16 여호와의 얼굴은 악을 행하는 자를 향하사 그들의 자취를 땅에서 끊으려 하시는도다

17 의인이 부르짖으매 여호와께서 들으시고 그들의 모든 환난에서 건지셨도다

18 여호와는 마음이 상한 자를 가까이하시고 충심으로 통회하는 자를 구원하시는도다

NIV

[8]Taste and see that the LORD is good; blessed is the man who takes refuge in him.
[9]Fear the LORD, you his saints, for those who fear him lack nothing. [10]The lions may
grow weak and hungry, but those who seek the LORD lack no good thing. [15]The eyes
of the LORD are on the righteous and his ears are attentive to their cry; [16]the face
of the LORD is against those who do evil, to cut off the memory of them from the
earth. [17]The righteous cry out, and the LORD hears them; he delivers them from all
their troubles. [18]The LORD is close to the brokenhearted and saves those who are
crushed in spirit.

Date.

Day 31 | 우리의 연약함을 도우시나니

· 로마서 8:26-30

26 이와 같이 성령도 우리의 연약함을 도우시나니 우리는 마땅히 기
도할 바를 알지 못하나 오직 성령이 말할 수 없는 탄식으로 우리
를 위하여 친히 간구하시느니라

27 마음을 살피시는 이가 성령의 생각을 아시나니 이는 성령이 하나
님의 뜻대로 성도를 위하여 간구하심이니라

28 우리가 알거니와 하나님을 사랑하는 자 곧 그의 뜻대로 부르심을
입은 자들에게는 모든 것이 합력하여 선을 이루느니라

29 하나님이 미리 아신 자들을 또한 그 아들의 형상을 본받게 하기
위하여 미리 정하셨으니 이는 그로 많은 형제 중에서 맏아들이 되
게 하려 하심이니라

30 또 미리 정하신 그들을 또한 부르시고 부르신 그들을 또한 의롭다
하시고 의롭다 하신 그들을 또한 영화롭게 하셨느니라

NIV

[26]In the same way, the Spirit helps us in our weakness. We do not know what we ought to pray for, but the Spirit himself intercedes for us with groans that words cannot express. [27]And he who searches our hearts knows the mind of the Spirit, because the Spirit intercedes for the saints in accordance with God's will. [28]And we know that in all things God works for the good of those who love him, who have been called according to his purpose. [29]For those God foreknew he also predestined to be conformed to the likeness of his Son, that he might be the firstborn among many brothers. [30]And those he predestined, he also called; those he called, he also justified; those he justified, he also glorified.

Date.

Day 32 | 여호와를 앙망하는 자는

· 이사야 40:28-31

28 너는 알지 못하였느냐 듣지 못하였느냐 영원하신 하나님 여호와,
땅 끝까지 창조하신 이는 피곤하지 않으시며 곤비하지 않으시며
명철이 한이 없으시며

29 피곤한 자에게는 능력을 주시며 무능한 자에게는 힘을 더하시
나니

30 소년이라도 피곤하며 곤비하며 장정이라도 넘어지며 쓰러지되

31 오직 여호와를 앙망하는 자는 새 힘을 얻으리니 독수리가 날개치
며 올라감 같을 것이요 달음박질하여도 곤비하지 아니하겠고 걸
어가도 피곤하지 아니하리로다

NIV

[28]Do you not know? Have you not heard? The LORD is the everlasting God,
the Creator of the ends of the earth. He will not grow tired or weary, and his
understanding no one can fathom. [29]He gives strength to the weary and increases the
power of the weak. [30]Even youths grow tired and weary, and young men stumble and
fall; [31]but those who hope in the LORD will renew their strength. They will soar on
wings like eagles; they will run and not grow weary, they will walk and not be faint.

Date.

Day 33 | 사람이 내게 어찌하리이까

· 시편 56:8-13

8 나의 유리함을 주께서 계수하셨사오니 나의 눈물을 주의 병에 담으소서 이것이 주의 책에 기록되지 아니하였나이까

9 내가 아뢰는 날에 내 원수들이 물러가리니 이것으로 하나님이 내 편이심을 내가 아나이다

10 내가 하나님을 의지하여 그의 말씀을 찬송하며 여호와를 의지하여 그의 말씀을 찬송하리이다

11 내가 하나님을 의지하였은즉 두려워하지 아니하리니 사람이 내게 어찌하리이까

12 하나님이여 내가 주께 서원함이 있사온즉 내가 감사제를 주께 드리리니

13 주께서 내 생명을 사망에서 건지셨음이라 주께서 나로 하나님 앞, 생명의 빛에 다니게 하시려고 실족하지 아니하게 하지 아니하셨나이까

NIV

8Record my lament; list my tears on your scroll—are they not in your record? 9Then
my enemies will turn back when I call for help. By this I will know that God is for me.
10In God, whose word I praise, in the LORD, whose word I praise—11in God I trust; I
will not be afraid. What can man do to me? 12I am under vows to you, O God; I will
present my thank offerings to you. 13For you have delivered me from death and my
feet from stumbling, that I may walk before God in the light of life.

Date.

Day 34 | 여호와께서 지키시리로다

· 시편 121:1-8

1 내가 산을 향하여 눈을 들리라 나의 도움이 어디서 올까

2 나의 도움은 천지를 지으신 여호와에게서로다

3 여호와께서 너를 실족하지 아니하게 하시며 너를 지키시는 이가 졸지 아니하시리로다

4 이스라엘을 지키시는 이는 졸지도 아니하시고 주무시지도 아니하시리로다

5 여호와는 너를 지키시는 이시라 여호와께서 네 오른쪽에서 네 그늘이 되시나니

6 낮의 해가 너를 상하게 하지 아니하며 밤의 달도 너를 해치지 아니하리로다

7 여호와께서 너를 지켜 모든 환난을 면하게 하시며 또 네 영혼을 지키시리로다

8 여호와께서 너의 출입을 지금부터 영원까지 지키시리로다

NIV

[1]I lift up my eyes to the hills—where does my help come from? [2]My help comes from the LORD, the Maker of heaven and earth. [3]He will not let your foot slip—he who watches over you will not slumber; [4]indeed, he who watches over Israel will neither slumber nor sleep. [5]The LORD watches over you—the LORD is your shade at your right hand; [6]the sun will not harm you by day, nor the moon by night. [7]The LORD will keep you from all harm—he will watch over your life; [8]the LORD will watch over your coming and going both now and forevermore.

Date.

Day 35 | 내가 너를 도와주리라

· 이사야 41:10-14

10 두려워하지 말라 내가 너와 함께함이라 놀라지 말라 나는 네 하나
님이 됨이라 내가 너를 굳세게 하리라 참으로 너를 도와주리라 참
으로 나의 의로운 오른손으로 너를 붙들리라

11 보라 네게 노하던 자들이 수치와 욕을 당할 것이요 너와 다투는
자들이 아무것도 아닌 것같이 될 것이며 멸망할 것이라

12 네가 찾아도 너와 싸우던 자들을 만나지 못할 것이요 너를 치는
자들은 아무것도 아닌 것 같고 허무한 것같이 되리니

13 이는 나 여호와 너의 하나님이 네 오른손을 붙들고 네게 이르기를
두려워하지 말라 내가 너를 도우리라 할 것임이니라

14 버러지 같은 너 야곱아, 너희 이스라엘 사람들아 두려워하지 말라
나 여호와가 말하노니 내가 너를 도울 것이라 네 구속자는 이스라
엘의 거룩한 이이니라

NIV

10So do not fear, for I am with you; do not be dismayed, for I am your God. I will strengthen you and help you; I will uphold you with my righteous right hand. 11"All who rage against you will surely be ashamed and disgraced; those who oppose you will be as nothing and perish. 12Though you search for your enemies, you will not find them. Those who wage war against you will be as nothing at all. 13For I am the LORD, your God, who takes hold of your right hand and says to you, Do not fear; I will help you. 14Do not be afraid, O worm Jacob, O little Israel, for I myself will help you," declares the LORD, your Redeemer, the Holy One of Israel.

Date.

Day 36 | 내가 너희를 쉬게 하리라

· 마태복음 11:4-6, 28-30

4 예수께서 대답하여 이르시되 너희가 가서 듣고 보는 것을 요한에
게 알리되

5 맹인이 보며 못 걷는 사람이 걸으며 나병환자가 깨끗함을 받으며
못 듣는 자가 들으며 죽은 자가 살아나며 가난한 자에게 복음이 전
파된다 하라

6 누구든지 나로 말미암아 실족하지 아니하는 자는 복이 있도다 하
시니라

28 수고하고 무거운 짐 진 자들아 다 내게로 오라 내가 너희를 쉬게
하리라

29 나는 마음이 온유하고 겸손하니 나의 멍에를 메고 내게 배우라 그
리하면 너희 마음이 쉼을 얻으리니

30 이는 내 멍에는 쉽고 내 짐은 가벼움이라 하시니라

NIV

[4]Jesus replied, "Go back and report to John what you hear and see: [5]The blind receive sight, the lame walk, those who have leprosy are cured, the deaf hear, the dead are raised, and the good news is preached to the poor. [6]Blessed is the man who does not fall away on account of me." [28]"Come to me, all you who are weary and burdened, and I will give you rest. [29]Take my yoke upon you and learn from me, for I am gentle and humble in heart, and you will find rest for your souls. [30]For my yoke is easy and my burden is light."

Date.

Day 37 | 너는 내 것이라

· 이사야 43:1-3

1 야곱아 너를 창조하신 여호와께서 지금 말씀하시느니라 이스라엘
아 너를 지으신 이가 말씀하시느니라 너는 두려워하지 말라 내가
너를 구속하였고 내가 너를 지명하여 불렀나니 너는 내 것이라

2 네가 물 가운데로 지날 때에 내가 너와 함께할 것이라 강을 건널 때
에 물이 너를 침몰하지 못할 것이며 네가 불 가운데로 지날 때에 타
지도 아니할 것이요 불꽃이 너를 사르지도 못하리니

3 대저 나는 여호와 네 하나님이요 이스라엘의 거룩한 이요 네 구원
자임이라 내가 애굽을 너의 속량물로, 구스와 스바를 너를 대신하
여 주었노라

NIV

[1]But now, this is what the LORD says—he who created you, O Jacob, he who formed you, O Israel: "Fear not, for I have redeemed you; I have summoned you by name; you are mine. [2]When you pass through the waters, I will be with you; and when you pass through the rivers, they will not sweep over you. When you walk through the fire, you will not be burned; the flames will not set you ablaze. [3]For I am the LORD, your God, the Holy One of Israel, your Savior; I give Egypt for your ransom, Cush and Seba in your stead.

Date.

Day 38 | 은혜의 보좌 앞에 담대히

· 히브리서 4:12-16

12 하나님의 말씀은 살아 있고 활력이 있어 좌우에 날선 어떤 검보다
도 예리하여 혼과 영과 및 관절과 골수를 찔러 쪼개기까지 하며
또 마음의 생각과 뜻을 판단하나니

13 지으신 것이 하나도 그 앞에 나타나지 않음이 없고 우리의 결산을
받으실 이의 눈 앞에 만물이 벌거벗은 것같이 드러나느니라

14 그러므로 우리에게 큰 대제사장이 계시니 승천하신 이 곧 하나님
의 아들 예수시라 우리가 믿는 도리를 굳게 잡을지어다

15 우리에게 있는 대제사장은 우리의 연약함을 동정하지 못하실 이
가 아니요 모든 일에 우리와 똑같이 시험을 받으신 이로되 죄는
없으시니라

16 그러므로 우리는 긍휼하심을 받고 때를 따라 돕는 은혜를 얻기 위
하여 은혜의 보좌 앞에 담대히 나아갈 것이니라

NIV

[12]For the word of God is living and active. Sharper than any double-edged sword, it penetrates even to dividing soul and spirit, joints and marrow; it judges the thoughts and attitudes of the heart. [13]Nothing in all creation is hidden from God's sight. Everything is uncovered and laid bare before the eyes of him to whom we must give account. [14]Therefore, since we have a great high priest who has gone through the heavens, Jesus the Son of God, let us hold firmly to the faith we profess. [15]For we do not have a high priest who is unable to sympathize with our weaknesses, but we have one who has been tempted in every way, just as we are—yet was without sin. [16]Let us then approach the throne of grace with confidence, so that we may receive mercy and find grace to help us in our time of need.

Date.

Day 39 | 영원토록 너희와 함께

· 요한복음 14:16-20

16 내가 아버지께 구하겠으니 그가 또 다른 보혜사를 너희에게 주사
영원토록 너희와 함께 있게 하리니

17 그는 진리의 영이라 세상은 능히 그를 받지 못하나니 이는 그를
보지도 못하고 알지도 못함이라 그러나 너희는 그를 아나니 그는
너희와 함께 거하심이요 또 너희 속에 계시겠음이라

18 내가 너희를 고아와 같이 버려두지 아니하고 너희에게로 오리라

19 조금 있으면 세상은 다시 나를 보지 못할 것이로되 너희는 나를
보리니 이는 내가 살아 있고 너희도 살아 있겠음이라

20 그 날에는 내가 아버지 안에, 너희가 내 안에, 내가 너희 안에 있는
것을 너희가 알리라

NIV

[16]And I will ask the Father, and he will give you another Counselor to be with you forever—[17]the Spirit of truth. The world cannot accept him, because it neither sees him nor knows him. But you know him, for he lives with you and will be in you. [18]I will not leave you as orphans; I will come to you. [19]Before long, the world will not see me anymore, but you will see me. Because I live, you also will live. [20]On that day you will realize that I am in my Father, and you are in me, and I am in you.

Date.

PART 4. 소망을 쓰다

Date.

Day 40 | 희망을 주는 것이니라

· 예레미야 29:11-14

11 여호와의 말씀이니라 너희를 향한 나의 생각을 내가 아나니 평안
이요 재앙이 아니니라 너희에게 미래와 희망을 주는 것이니라

12 너희가 내게 부르짖으며 내게 와서 기도하면 내가 너희들의 기도
를 들을 것이요

13 너희가 온 마음으로 나를 구하면 나를 찾을 것이요 나를 만나리라

14 이것은 여호와의 말씀이니라 나는 너희들을 만날 것이며 너희를
포로된 중에서 다시 돌아오게 하되 내가 쫓아 보내었던 나라들과
모든 곳에서 모아 사로잡혀 떠났던 그 곳으로 돌아오게 하리라 이
것은 여호와의 말씀이니라

NIV

11For I know the plans I have for you," declares the LORD, "plans to prosper you and
not to harm you, plans to give you hope and a future. 12Then you will call upon me
and come and pray to me, and I will listen to you. 13You will seek me and find me
when you seek me with all your heart. 14I will be found by you," declares the LORD,
"and will bring you back from captivity. I will gather you from all the nations and
places where I have banished you," declares the LORD, "and will bring you back to the
place from which I carried you into exile."

Date.

Day 41 | 하나님께 소망을 두라

· 시편 42:1-5

1 하나님이여 사슴이 시냇물을 찾기에 갈급함같이 내 영혼이 주를 찾기에 갈급하니이다

2 내 영혼이 하나님 곧 살아 계시는 하나님을 갈망하나니 내가 어느 때에 나아가서 하나님의 얼굴을 뵈올까

3 사람들이 종일 내게 하는 말이 네 하나님이 어디 있느뇨 하오니 내 눈물이 주야로 내 음식이 되었도다

4 내가 전에 성일을 지키는 무리와 동행하여 기쁨과 감사의 소리를 내며 그들을 하나님의 집으로 인도하였더니 이제 이 일을 기억하고 내 마음이 상하는도다

5 내 영혼아 네가 어찌하여 낙심하며 어찌하여 내 속에서 불안해하는가 너는 하나님께 소망을 두라 그가 나타나 도우심으로 말미암아 내가 여전히 찬송하리로다

NIV

1 As the deer pants for streams of water, so my soul pants for you, O God.
2 My soul thirsts for God, for the living God. When can I go and meet with God?
3 My tears have been my food day and night, while men say to me all day long, "Where is your God?"
4 These things I remember as I pour out my soul: how I used to go with the multitude, leading the procession to the house of God, with shouts of joy and thanksgiving among the festive throng.
5 Why are you downcast, O my soul? Why so disturbed within me? Put your hope in God, for I will yet praise him, my Savior and my God.

Date.

Day 42 | 여호와가 너의 가운데에 계시니

· 스바냐 3:14-17

14 시온의 딸아 노래할지어다 이스라엘아 기쁘게 부를지어다 예루
살렘 딸아 전심으로 기뻐하며 즐거워할지어다

15 여호와가 네 형벌을 제거하였고 네 원수를 쫓아냈으며 이스라엘
왕 여호와가 네 가운데 계시니 네가 다시는 화를 당할까 두려워하
지 아니할 것이라

16 그 날에 사람이 예루살렘에 이르기를 두려워하지 말라 시온아 네
손을 늘어뜨리지 말라

17 너의 하나님 여호와가 너의 가운데에 계시니 그는 구원을 베푸실
전능자이시라 그가 너로 말미암아 기쁨을 이기지 못하시며 너를
잠잠히 사랑하시며 너로 말미암아 즐거이 부르며 기뻐하시리라
하리라

NIV

14Sing, O Daughter of Zion; shout aloud, O Israel! Be glad and rejoice with all your
heart, O Daughter of Jerusalem! 15The LORD has taken away your punishment, he has
turned back your enemy. The LORD, the King of Israel, is with you; never again will
you fear any harm. 16On that day they will say to Jerusalem, "Do not fear, O Zion; do
not let your hands hang limp. 17The LORD your God is with you, he is mighty to save.
He will take great delight in you, he will quiet you with his love, he will rejoice over
you with singing."

Date.

Day 43 | 너희가 살아나리라

· 에스겔 37:5-10

5 주 여호와께서 이 뼈들에게 이같이 말씀하시기를 내가 생기를 너
희에게 들어가게 하리니 너희가 살아나리라

6 너희 위에 힘줄을 두고 살을 입히고 가죽으로 덮고 너희 속에 생기
를 넣으리니 너희가 살아나리라 또 내가 여호와인 줄 너희가 알리
라 하셨다 하라

7 이에 내가 명령을 따라 대언하니 대언할 때에 소리가 나고 움직이
며 이 뼈, 저 뼈가 들어 맞아 뼈들이 서로 연결되더라

8 내가 또 보니 그 뼈에 힘줄이 생기고 살이 오르며 그 위에 가죽이
덮이나 그 속에 생기는 없더라

9 또 내게 이르시되 인자야 너는 생기를 향하여 대언하라 생기에게
대언하여 이르기를 주 여호와께서 이같이 말씀하시기를 생기야 사
방에서부터 와서 이 죽음을 당한 자에게 불어서 살아나게 하라 하
셨다 하라

10 이에 내가 그 명령대로 대언하였더니 생기가 그들에게 들어가매
그들이 곧 살아나서 일어나 서는데 극히 큰 군대더라

NIV

5This is what the Sovereign LORD says to these bones: I will make breath enter you, and
you will come to life. 6I will attach tendons to you and make flesh come upon you and
cover you with skin; I will put breath in you, and you will come to life. Then you will know
that I am the LORD.'" 7So I prophesied as I was commanded. And as I was prophesying,
there was a noise, a rattling sound, and the bones came together, bone to bone. 8I looked,
and tendons and flesh appeared on them and skin covered them, but there was no breath
in them. 9Then he said to me, "Prophesy to the breath; prophesy, son of man, and say
to it, 'This is what the Sovereign LORD says: Come from the four winds, O breath, and
breathe into these slain, that they may live.'" 10So I prophesied as he commanded me,
and breath entered them; they came to life and stood up on their feet--vast army.

Date.

Day 44 | 잠잠히 기다림이 좋도다

· 예레미야애가 3:19-26

19 내 고초와 재난 곧 쑥과 담즙을 기억하소서

20 내 마음이 그것을 기억하고 내가 낙심이 되오나

21 이것을 내가 내 마음에 담아 두었더니 그것이 오히려 나의 소망이
되었사옴은

22 여호와의 인자와 긍휼이 무궁하시므로 우리가 진멸되지 아니함
이니이다

23 이것들이 아침마다 새로우니 주의 성실하심이 크시도소이다

24 내 심령에 이르기를 여호와는 나의 기업이시니 그러므로 내가 그
를 바라리라 하도다

25 기다리는 자들에게나 구하는 영혼들에게 여호와는 선하시도다

26 사람이 여호와의 구원을 바라고 잠잠히 기다림이 좋도다

NIV

19 I remember my affliction and my wandering, the bitterness and the gall. 20 I well
remember them, and my soul is downcast within me. 21 Yet this I call to mind and
therefore I have hope: 22 Because of the LORD's great love we are not consumed, for
his compassions never fail. 23 They are new every morning; great is your faithfulness.
24 I say to myself, "The LORD is my portion; therefore I will wait for him." 25 The
LORD is good to those whose hope is in him, to the one who seeks him; 26 it is good
to wait quietly for the salvation of the LORD.

Date.

Day 45 | 이리가 어린 양과 함께 살며

· 이사야 11:6-9

6 그 때에 이리가 어린 양과 함께 살며 표범이 어린 염소와 함께 누우
며 송아지와 어린 사자와 살진 짐승이 함께 있어 어린 아이에게 끌
리며

7 암소와 곰이 함께 먹으며 그것들의 새끼가 함께 엎드리며 사자가
소처럼 풀을 먹을 것이며

8 젖 먹는 아이가 독사의 구멍에서 장난하며 젖 뗀 어린 아이가 독사
의 굴에 손을 넣을 것이라

9 내 거룩한 산 모든 곳에서 해 됨도 없고 상함도 없을 것이니 이는
물이 바다를 덮음같이 여호와를 아는 지식이 세상에 충만할 것임
이니라

NIV

6The wolf will live with the lamb, the leopard will lie down with the goat, the calf and the lion and the yearling together; and a little child will lead them. 7The cow will feed with the bear, their young will lie down together, and the lion will eat straw like the ox. 8The infant will play near the hole of the cobra, and the young child put his hand into the viper's nest. 9They will neither harm nor destroy on all my holy mountain, for the earth will be full of the knowledge of the LORD as the waters cover the sea.

Date.

Day 46 | 여호와께서 우리를 살리시며

· 호세아 6:1-6

1 오라 우리가 여호와께로 돌아가자 여호와께서 우리를 찢으셨으나
도로 낫게 하실 것이요 우리를 치셨으나 싸매어 주실 것임이라

2 여호와께서 이틀 후에 우리를 살리시며 셋째 날에 우리를 일으키
시리니 우리가 그의 앞에서 살리라

3 그러므로 우리가 여호와를 알자 힘써 여호와를 알자 그의 나타나
심은 새벽 빛같이 어김없나니 비와 같이, 땅을 적시는 늦은 비와 같
이 우리에게 임하시리라 하니라

4 에브라임아 내가 네게 어떻게 하랴 유다야 내가 네게 어떻게 하랴
너희의 인애가 아침 구름이나 쉬 없어지는 이슬 같도다

5 그러므로 내가 선지자들로 그들을 치고 내 입의 말로 그들을 죽였
노니 내 심판은 빛처럼 나오느니라

6 나는 인애를 원하고 제사를 원하지 아니하며 번제보다 하나님을
아는 것을 원하노라

NIV

[1]"Come, let us return to the LORD. He has torn us to pieces but he will heal us; he has injured us but he will bind up our wounds. [2]After two days he will revive us; on the third day he will restore us, that we may live in his presence. [3]Let us acknowledge the LORD; let us press on to acknowledge him. As surely as the sun rises, he will appear; he will come to us like the winter rains, like the spring rains that water the earth." [4]"What can I do with you, Ephraim? What can I do with you, Judah? Your love is like the morning mist, like the early dew that disappears. [5]Therefore I cut you in pieces with my prophets, I killed you with the words of my mouth; my judgments flashed like lightning upon you. [6]For I desire mercy, not sacrifice, and acknowledgment of God rather than burnt offerings.

Date.

Day 47 | 모든 눈물을 닦아 주시니

· 요한계시록 21:3-7

3 내가 들으니 보좌에서 큰 음성이 나서 이르되 보라 하나님의 장막
이 사람들과 함께 있으매 하나님이 그들과 함께 계시리니 그들은
하나님의 백성이 되고 하나님은 친히 그들과 함께 계셔서

4 모든 눈물을 그 눈에서 닦아 주시니 다시는 사망이 없고 애통하는
것이나 곡하는 것이나 아픈 것이 다시 있지 아니하리니 처음 것들
이 다 지나갔음이러라

5 보좌에 앉으신 이가 이르시되 보라 내가 만물을 새롭게 하노라 하
시고 또 이르시되 이 말은 신실하고 참되니 기록하라 하시고

6 또 내게 말씀하시되 이루었도다 나는 알파와 오메가요 처음과 마
지막이라 내가 생명수 샘물을 목마른 자에게 값없이 주리니

7 이기는 자는 이것들을 상속으로 받으리라 나는 그의 하나님이 되
고 그는 내 아들이 되리라

NIV

[3]And I heard a loud voice from the throne saying, "Now the dwelling of God is with men, and he will live with them. They will be his people, and God himself will be with them and be their God. [4]He will wipe every tear from their eyes. There will be no more death or mourning or crying or pain, for the old order of things has passed away." [5]He who was seated on the throne said, "I am making everything new!" Then he said, "Write this down, for these words are trustworthy and true." [6]He said to me: "It is done. I am the Alpha and the Omega, the Beginning and the End. To him who is thirsty I will give to drink without cost from the spring of the water of life. [7]He who overcomes will inherit all this, and I will be his God and he will be my son.

Date.

PART 5. 간구를 쓰다

Date.

Day 48 | 너희는 이렇게 기도하라

· 마태복음 6:9-13

9 그러므로 너희는 이렇게 기도하라 하늘에 계신 우리 아버지여 이
름이 거룩히 여김을 받으시오며

10 나라가 임하시오며 뜻이 하늘에서 이루어진 것같이 땅에서도 이
루어지이다

11 오늘 우리에게 일용할 양식을 주시옵고

12 우리가 우리에게 죄 지은 자를 사하여 준 것같이 우리 죄를 사하
여 주시옵고

13 우리를 시험에 들게 하지 마시옵고 다만 악에서 구하시옵소서 나
라와 권세와 영광이 아버지께 영원히 있사옵나이다 아멘

NIV

9 "This, then, is how you should pray: " 'Our Father in heaven, hallowed be your name,
10 your kingdom come, your will be done on earth as it is in heaven. 11 Give us today our
daily bread. 12 Forgive us our debts, as we also have forgiven our debtors. 13 And lead us
not into temptation, but deliver us from the evil one. For Yours is the kingdom and
the power and the glory forever. Amen.'

Date.

Day 49 | 구하는 이마다 받을 것이요

· 마태복음 7:7-11

7 구하라 그리하면 너희에게 주실 것이요 찾으라 그리하면 찾아낼 것이요 문을 두드리라 그리하면 너희에게 열릴 것이니

8 구하는 이마다 받을 것이요 찾는 이는 찾아낼 것이요 두드리는 이에게는 열릴 것이니라

9 너희 중에 누가 아들이 떡을 달라 하는데 돌을 주며

10 생선을 달라 하는데 뱀을 줄 사람이 있겠느냐

11 너희가 악한 자라도 좋은 것으로 자식에게 줄 줄 알거든 하물며 하늘에 계신 너희 아버지께서 구하는 자에게 좋은 것으로 주시지 않겠느냐

NIV

7“Ask and it will be given to you; seek and you will find; knock and the door will be
opened to you. 8For everyone who asks receives; he who seeks finds; and to him who
knocks, the door will be opened. 9“Which of you, if his son asks for bread, will give
him a stone? 10Or if he asks for a fish, will give him a snake? 11If you, then, though
you are evil, know how to give good gifts to your children, how much more will your
Father in heaven give good gifts to those who ask him!

Date.

Day 50 | 다만 모든 일에 기도와 간구로

· 빌립보서 4:4-7

4 주 안에서 항상 기뻐하라 내가 다시 말하노니 기뻐하라

5 너희 관용을 모든 사람에게 알게 하라 주께서 가까우시니라

6 아무 것도 염려하지 말고 다만 모든 일에 기도와 간구로, 너희 구할
것을 감사함으로 하나님께 아뢰라

7 그리하면 모든 지각에 뛰어난 하나님의 평강이 그리스도 예수 안
에서 너희 마음과 생각을 지키시리라

NIV

4Rejoice in the Lord always. I will say it again: Rejoice! 5Let your gentleness be evident
to all. The Lord is near. 6Do not be anxious about anything, but in everything, by
prayer and petition, with thanksgiving, present your requests to God. 7And the peace
of God, which transcends all understanding, will guard your hearts and your minds in
Christ Jesus.

Date.

Day 51 | 은밀하게 기도하라

· 마태복음 6:3-6

3 너는 구제할 때에 오른손이 하는 것을 왼손이 모르게 하여

4 네 구제함을 은밀하게 하라 은밀한 중에 보시는 너의 아버지께서
갚으시리라

5 또 너희는 기도할 때에 외식하는 자와 같이 하지 말라 그들은 사람
에게 보이려고 회당과 큰 거리 어귀에 서서 기도하기를 좋아하느
니라 내가 진실로 너희에게 이르노니 그들은 자기 상을 이미 받았
느니라

6 너는 기도할 때에 네 골방에 들어가 문을 닫고 은밀한 중에 계신 네
아버지께 기도하라 은밀한 중에 보시는 네 아버지께서 갚으시리라

NIV

3But when you give to the needy, do not let your left hand know what your right hand
is doing, 4so that your giving may be in secret. Then your Father, who sees what is
done in secret, will reward you. 5"And when you pray, do not be like the hypocrites,
for they love to pray standing in the synagogues and on the street corners to be seen
by men. I tell you the truth, they have received their reward in full. 6But when you
pray, go into your room, close the door and pray to your Father, who is unseen. Then
your Father, who sees what is done in secret, will reward you.

Date.

Day 52 | 나의 죄를 씻어 주소서

· 시편 51:7-13

7 우슬초로 나를 정결하게 하소서 내가 정하리이다 나의 죄를 씻어
주소서 내가 눈보다 희리이다

8 내게 즐겁고 기쁜 소리를 들려 주시사 주께서 꺾으신 뼈들도 즐거
워하게 하소서

9 주의 얼굴을 내 죄에서 돌이키시고 내 모든 죄악을 지워 주소서

10 하나님이여 내 속에 정한 마음을 창조하시고 내 안에 정직한 영을
새롭게 하소서

11 나를 주 앞에서 쫓아내지 마시며 주의 성령을 내게서 거두지 마
소서

12 주의 구원의 즐거움을 내게 회복시켜 주시고 자원하는 심령을 주
사 나를 붙드소서

13 그리하면 내가 범죄자에게 주의 도를 가르치리니 죄인들이 주께
돌아오리이다

NIV

7 Cleanse me with hyssop, and I will be clean; wash me, and I will be whiter than snow.
8 Let me hear joy and gladness; let the bones you have crushed rejoice. 9 Hide your face
from my sins and blot out all my iniquity. 10 Create in me a pure heart, O God, and
renew a steadfast spirit within me. 11 Do not cast me from your presence or take your
Holy Spirit from me. 12 Restore to me the joy of your salvation and grant me a willing
spirit, to sustain me. 13 Then I will teach transgressors your ways, and sinners will turn
back to you.

Date.

Day 53 | 믿음 없는 것을 도와주소서

· 마가복음 9:23-29

23 예수께서 이르시되 할 수 있거든이 무슨 말이냐 믿는 자에게는 능
히 하지 못할 일이 없느니라 하시니

24 곧 그 아이의 아버지가 소리를 질러 이르되 내가 믿나이다 나의
믿음 없는 것을 도와주소서 하더라

25 예수께서 무리가 달려와 모이는 것을 보시고 그 더러운 귀신을 꾸
짖어 이르시되 말 못하고 못 듣는 귀신아 내가 네게 명하노니 그
아이에게서 나오고 다시 들어가지 말라 하시매

26 귀신이 소리 지르며 아이로 심히 경련을 일으키게 하고 나가니 그
아이가 죽은 것같이 되어 많은 사람이 말하기를 죽었다 하나

27 예수께서 그 손을 잡아 일으키시니 이에 일어서니라

28 집에 들어가시매 제자들이 조용히 묻자오되 우리는 어찌하여 능
히 그 귀신을 쫓아내지 못하였나이까

29 이르시되 기도 외에 다른 것으로는 이런 종류가 나갈 수 없느니라
하시니라

NIV

[23]"'If you can'?" said Jesus. "Everything is possible for him who believes."
[24]Immediately the boy's father exclaimed, "I do believe; help me overcome my
unbelief!" [25]When Jesus saw that a crowd was running to the scene, he rebuked the
evil spirit. "You deaf and mute spirit," he said, "I command you, come out of him
and never enter him again." [26]The spirit shrieked, convulsed him violently and came
out. The boy looked so much like a corpse that many said, "He's dead." [27]But Jesus
took him by the hand and lifted him to his feet, and he stood up. [28]After Jesus had
gone indoors, his disciples asked him privately, "Why couldn't we drive it out?" [29]He
replied, "This kind can come out only by prayer."

Date.

Day 54 | 서로 기도하라

· 야고보서 5:13-16

13 너희 중에 고난 당하는 자가 있느냐 그는 기도할 것이요 즐거워하
는 자가 있느냐 그는 찬송할지니라

14 너희 중에 병든 자가 있느냐 그는 교회의 장로들을 청할 것이요
그들은 주의 이름으로 기름을 바르며 그를 위하여 기도할지니라

15 믿음의 기도는 병든 자를 구원하리니 주께서 그를 일으키시리라
혹시 죄를 범하였을지라도 사하심을 받으리라

16 그러므로 너희 죄를 서로 고백하며 병이 낫기를 위하여 서로 기도
하라 의인의 간구는 역사하는 힘이 큼이니라

NIV

13Is any one of you in trouble? He should pray. Is anyone happy? Let him sing songs
of praise. 14Is any one of you sick? He should call the elders of the church to pray
over him and anoint him with oil in the name of the Lord. 15And the prayer offered
in faith will make the sick person well; the Lord will raise him up. If he has sinned, he
will be forgiven. 16Therefore confess your sins to each other and pray for each other
so that you may be healed. The prayer of a righteous man is powerful and effective.

Date.

PART 6. 하나님의 뜻을 쓰다

Date.

Day 55 | 너희를 향하신 하나님의 뜻

· 데살로니가전서 5:16-23

16 항상 기뻐하라

17 쉬지 말고 기도하라

18 범사에 감사하라 이것이 그리스도 예수 안에서 너희를 향하신 하
나님의 뜻이니라

19 성령을 소멸하지 말며

20 예언을 멸시하지 말고

21 범사에 헤아려 좋은 것을 취하고

22 악은 어떤 모양이라도 버리라

23 평강의 하나님이 친히 너희를 온전히 거룩하게 하시고 또 너희의
온 영과 혼과 몸이 우리 주 예수 그리스도께서 강림하실 때에 흠
없게 보전되기를 원하노라

NIV

[16]Be joyful always; [17]pray continually; [18]give thanks in all circumstances, for this is
God's will for you in Christ Jesus. [19]Do not put out the Spirit's fire; [20]do not treat
prophecies with contempt. [21]Test everything. Hold on to the good. [22]Avoid every kind
of evil. [23]May God himself, the God of peace, sanctify you through and through. May
your whole spirit, soul and body be kept blameless at the coming of our Lord Jesus
Christ.

Date.

Day 56 | 먼저 그의 나라와 의를 구하라

· 마태복음 6:31-34

31 그러므로 염려하여 이르기를 무엇을 먹을까 무엇을 마실까 무엇
을 입을까 하지 말라

32 이는 다 이방인들이 구하는 것이라 너희 하늘 아버지께서 이 모든
것이 너희에게 있어야 할 줄을 아시느니라

33 그런즉 너희는 먼저 그의 나라와 그의 의를 구하라 그리하면 이
모든 것을 너희에게 더하시리라

34 그러므로 내일 일을 위하여 염려하지 말라 내일 일은 내일이 염려
할 것이요 한 날의 괴로움은 그 날로 족하니라

NIV

[31]So do not worry, saying, 'What shall we eat?' or 'What shall we drink?' or 'What shall we wear?' [32]For the pagans run after all these things, and your heavenly Father knows that you need them. [33]But seek first his kingdom and his righteousness, and all these things will be given to you as well. [34]Therefore do not worry about tomorrow, for tomorrow will worry about itself. Each day has enough trouble of its own.

Date.

Day 57 | 아름다운 덕을 선포하라

· 베드로전서 2:9-12

9 그러나 너희는 택하신 족속이요 왕 같은 제사장들이요 거룩한 나
라요 그의 소유가 된 백성이니 이는 너희를 어두운 데서 불러 내어
그의 기이한 빛에 들어가게 하신 이의 아름다운 덕을 선포하게 하
려 하심이라

10 너희가 전에는 백성이 아니더니 이제는 하나님의 백성이요 전에
는 긍휼을 얻지 못하였더니 이제는 긍휼을 얻은 자니라

11 사랑하는 자들아 거류민과 나그네 같은 너희를 권하노니 영혼을
거슬러 싸우는 육체의 정욕을 제어하라

12 너희가 이방인 중에서 행실을 선하게 가져 너희를 악행한다고 비
방하는 자들로 하여금 너희 선한 일을 보고 오시는 날에 하나님께
영광을 돌리게 하려 함이라

NIV

9 But you are a chosen people, a royal priesthood, a holy nation, a people belonging to
God, that you may declare the praises of him who called you out of darkness into his
wonderful light. 10 Once you were not a people, but now you are the people of God;
once you had not received mercy, but now you have received mercy. 11 Dear friends, I
urge you, as aliens and strangers in the world, to abstain from sinful desires, which war
against your soul. 12 Live such good lives among the pagans that, though they accuse
you of doing wrong, they may see your good deeds and glorify God on the day he
visits us.

Date.

Day 58 | 너희를 굳건하게 하시며

· 베드로전서 5:6-11

6 그러므로 하나님의 능하신 손 아래에서 겸손하라 때가 되면 너희
를 높이시리라

7 너희 염려를 다 주께 맡기라 이는 그가 너희를 돌보심이라

8 근신하라 깨어라 너희 대적 마귀가 우는 사자같이 두루 다니며 삼
킬 자를 찾나니

9 너희는 믿음을 굳건하게 하여 그를 대적하라 이는 세상에 있는 너
희 형제들도 동일한 고난을 당하는 줄을 앎이라

10 모든 은혜의 하나님 곧 그리스도 안에서 너희를 부르사 자기의 영
원한 영광에 들어가게 하신 이가 잠깐 고난을 당한 너희를 친히
온전하게 하시며 굳건하게 하시며 강하게 하시며 터를 견고하게
하시리라

11 권능이 세세무궁하도록 그에게 있을지어다 아멘

NIV

6Humble yourselves, therefore, under God's mighty hand, that he may lift you up in due time. 7Cast all your anxiety on him because he cares for you. 8Be self-controlled and alert. Your enemy the devil prowls around like a roaring lion looking for someone to devour. 9Resist him, standing firm in the faith, because you know that your brothers throughout the world are undergoing the same kind of sufferings. 10And the God of all grace, who called you to his eternal glory in Christ, after you have suffered a little while, will himself restore you and make you strong, firm and steadfast. 11To him be the power for ever and ever. Amen.

Date.

Day 59 | 어린 아이와 같이 되라

· 마태복음 18:1-7

1 그 때에 제자들이 예수께 나아와 이르되 천국에서는 누가 크니이까

2 예수께서 한 어린 아이를 불러 그들 가운데 세우시고

3 이르시되 진실로 너희에게 이르노니 너희가 돌이켜 어린 아이들과
같이 되지 아니하면 결단코 천국에 들어가지 못하리라

4 그러므로 누구든지 이 어린 아이와 같이 자기를 낮추는 사람이 천
국에서 큰 자니라

5 또 누구든지 내 이름으로 이런 어린 아이 하나를 영접하면 곧 나를
영접함이니

6 누구든지 나를 믿는 이 작은 자 중 하나를 실족하게 하면 차라리 연
자 맷돌이 그 목에 달려서 깊은 바다에 빠뜨려지는 것이 나으니라

7 실족하게 하는 일들이 있음으로 말미암아 세상에 화가 있도다 실
족하게 하는 일이 없을 수는 없으나 실족하게 하는 그 사람에게는
화가 있도다

NIV

1At that time the disciples came to Jesus and asked, "Who is the greatest in the
kingdom of heaven?" 2He called a little child and had him stand among them. 3And
he said: "I tell you the truth, unless you change and become like little children, you
will never enter the kingdom of heaven. 4Therefore, whoever humbles himself like
this child is the greatest in the kingdom of heaven. 5"And whoever welcomes a little
child like this in my name welcomes me. 6But if anyone causes one of these little
ones who believe in me to sin, it would be better for him to have a large millstone
hung around his neck and to be drowned in the depths of the sea. 7"Woe to the world
because of the things that cause people to sin! Such things must come, but woe to the
man through whom they come!

Date.

Day 60 | 새 포도주는 새 부대에

· 마가복음 2:18-22

18 요한의 제자들과 바리새인들이 금식하고 있는지라 사람들이 예
수께 와서 말하되 요한의 제자들과 바리새인의 제자들은 금식하
는데 어찌하여 당신의 제자들은 금식하지 아니하나이까

19 예수께서 그들에게 이르시되 혼인 집 손님들이 신랑과 함께 있을
때에 금식할 수 있느냐 신랑과 함께 있을 동안에는 금식할 수 없
느니라

20 그러나 신랑을 빼앗길 날이 이르리니 그 날에는 금식할 것이니라

21 생베 조각을 낡은 옷에 붙이는 자가 없나니 만일 그렇게 하면 기
운 새 것이 낡은 그것을 당기어 해어짐이 더하게 되느니라

22 새 포도주를 낡은 가죽 부대에 넣는 자가 없나니 만일 그렇게 하
면 새 포도주가 부대를 터뜨려 포도주와 부대를 버리게 되리라 오
직 새 포도주는 새 부대에 넣느니라 하시니라

NIV

[18]Now John's disciples and the Pharisees were fasting. Some people came and asked Jesus, "How is it that John's disciples and the disciples of the Pharisees are fasting, but yours are not?" [19]Jesus answered, "How can the guests of the bridegroom fast while he is with them? They cannot, so long as they have him with them. [20]But the time will come when the bridegroom will be taken from them, and on that day they will fast. [21]"No one sews a patch of unshrunk cloth on an old garment. If he does, the new piece will pull away from the old, making the tear worse. [22]And no one pours new wine into old wineskins. If he does, the wine will burst the skins, and both the wine and the wineskins will be ruined. No, he pours new wine into new wineskins."

Date.

Day 61 | 내 안에 거하라

· 요한복음 15:5-8

5 나는 포도나무요 너희는 가지라 그가 내 안에, 내가 그 안에 거하면
사람이 열매를 많이 맺나니 나를 떠나서는 너희가 아무 것도 할 수
없음이라

6 사람이 내 안에 거하지 아니하면 가지처럼 밖에 버려져 마르나니
사람들이 그것을 모아다가 불에 던져 사르느니라

7 너희가 내 안에 거하고 내 말이 너희 안에 거하면 무엇이든지 원하
는 대로 구하라 그리하면 이루리라

8 너희가 열매를 많이 맺으면 내 아버지께서 영광을 받으실 것이요
너희는 내 제자가 되리라

NIV

5"I am the vine; you are the branches. If a man remains in me and I in him, he will bear much fruit; apart from me you can do nothing. 6If anyone does not remain in me, he is like a branch that is thrown away and withers; such branches are picked up, thrown into the fire and burned. 7If you remain in me and my words remain in you, ask whatever you wish, and it will be given you. 8This is to my Father's glory, that you bear much fruit, showing yourselves to be my disciples.

Date.

Day 62 | 자랑하지 못하게 하심이라

· 고린도전서 1:25-29

25 하나님의 어리석음이 사람보다 지혜롭고 하나님의 약하심이 사
람보다 강하니라

26 형제들아 너희를 부르심을 보라 육체를 따라 지혜로운 자가 많지
아니하며 능한 자가 많지 아니하며 문벌 좋은 자가 많지 아니하
도다

27 그러나 하나님께서 세상의 미련한 것들을 택하사 지혜 있는 자들
을 부끄럽게 하려 하시고 세상의 약한 것들을 택하사 강한 것들을
부끄럽게 하려 하시며

28 하나님께서 세상의 천한 것들과 멸시 받는 것들과 없는 것들을 택
하사 있는 것들을 폐하려 하시나니

29 이는 아무 육체도 하나님 앞에서 자랑하지 못하게 하려 하심이라

NIV

[25]For the foolishness of God is wiser than man's wisdom, and the weakness of God is stronger than man's strength. [26]Brothers, think of what you were when you were called. Not many of you were wise by human standards; not many were influential; not many were of noble birth. [27]But God chose the foolish things of the world to shame the wise; God chose the weak things of the world to shame the strong. [28]He chose the lowly things of this world and the despised things—and the things that are not—to nullify the things that are, [29]so that no one may boast before him.

Date.

Day 63 | 생명을 얻게 하려 함이라

· 요한복음 10:10-15

10 도둑이 오는 것은 도둑질하고 죽이고 멸망시키려는 것뿐이요
내가 온 것은 양으로 생명을 얻게 하고 더 풍성히 얻게 하려는 것
이라

11 나는 선한 목자라 선한 목자는 양들을 위하여 목숨을 버리거니와

12 삯꾼은 목자가 아니요 양도 제 양이 아니라 이리가 오는 것을
보면 양을 버리고 달아나나니 이리가 양을 물어 가고 또 헤치느
니라

13 달아나는 것은 그가 삯꾼인 까닭에 양을 돌보지 아니함이나

14 나는 선한 목자라 나는 내 양을 알고 양도 나를 아는 것이

15 아버지께서 나를 아시고 내가 아버지를 아는 것 같으니 나는 양을
위하여 목숨을 버리노라

NIV

10"The thief comes only to steal and kill and destroy; I have come that they may have
life, and have it to the full. 11"I am the good shepherd. The good shepherd lays down
his life for the sheep. 12The hired hand is not the shepherd who owns the sheep. So
when he sees the wolf coming, he abandons the sheep and runs away. Then the wolf
attacks the flock and scatters it. 13The man runs away because he is a hired hand and
cares nothing for the sheep. 14"I am the good shepherd; I know my sheep and my
sheep know me—15just as the Father knows me and I know the Father—and I lay
down my life for the sheep.

Date.

Day 64 | 예수의 마음을 품으라

· 빌립보서 2:1-8

1 그러므로 그리스도 안에 무슨 권면이나 사랑의 무슨 위로나 성령의 무슨 교제나 긍휼이나 자비가 있거든

2 마음을 같이하여 같은 사랑을 가지고 뜻을 합하며 한마음을 품어

3 아무 일에든지 다툼이나 허영으로 하지 말고 오직 겸손한 마음으로 각각 자기보다 남을 낫게 여기고

4 각각 자기 일을 돌볼뿐더러 또한 각각 다른 사람들의 일을 돌보아 나의 기쁨을 충만하게 하라

5 너희 안에 이 마음을 품으라 곧 그리스도 예수의 마음이니

6 그는 근본 하나님의 본체시나 하나님과 동등됨을 취할 것으로 여기지 아니하시고

7 오히려 자기를 비워 종의 형체를 가지사 사람들과 같이 되셨고

8 사람의 모양으로 나타나사 자기를 낮추시고 죽기까지 복종하셨으니 곧 십자가에 죽으심이라

NIV

1If you have any encouragement from being united with Christ, if any comfort from
his love, if any fellowship with the Spirit, if any tenderness and compassion, 2then
make my joy complete by being like-minded, having the same love, being one in spirit
and purpose. 3Do nothing out of selfish ambition or vain conceit, but in humility
consider others better than yourselves. 4Each of you should look not only to your
own interests, but also to the interests of others. 5Your attitude should be the same as
that of Christ Jesus: 6Who, being in very nature God, did not consider equality with
God something to be grasped, 7but made himself nothing, taking the very nature of a
servant, being made in human likeness. 8And being found in appearance as a man, he
humbled himself and became obedient to death—even death on a cross!

Date.

Day 65 | 주의 뜻이 무엇인지 이해하라

· 에베소서 5:16-21

16 세월을 아끼라 때가 악하니라

17 그러므로 어리석은 자가 되지 말고 오직 주의 뜻이 무엇인가 이해
하라

18 술 취하지 말라 이는 방탕한 것이니 오직 성령으로 충만함을 받
으라

19 시와 찬송과 신령한 노래들로 서로 화답하며 너희의 마음으로 주
께 노래하며 찬송하며

20 범사에 우리 주 예수 그리스도의 이름으로 항상 아버지 하나님께
감사하며

21 그리스도를 경외함으로 피차 복종하라

NIV

16 making the most of every opportunity, because the days are evil. 17 Therefore do not
be foolish, but understand what the Lord's will is. 18 Do not get drunk on wine, which
leads to debauchery. Instead, be filled with the Spirit. 19 Speak to one another with
psalms, hymns and spiritual songs. Sing and make music in your heart to the Lord,
20 always giving thanks to God the Father for everything, in the name of our Lord
Jesus Christ. 21 Submit to one another out of reverence for Christ.

Date.

Day 66 | 하나님의 뜻을 행하는 자

· 요한일서 2:15-17

15 이 세상이나 세상에 있는 것들을 사랑하지 말라 누구든지 세상을
사랑하면 아버지의 사랑이 그 안에 있지 아니하니

16 이는 세상에 있는 모든 것이 육신의 정욕과 안목의 정욕과 이생의
자랑이니 다 아버지께로부터 온 것이 아니요 세상으로부터 온 것
이라

17 이 세상도, 그 정욕도 지나가되 오직 하나님의 뜻을 행하는 자는
영원히 거하느니라

NIV

15 Do not love the world or anything in the world. If anyone loves the world, the love
of the Father is not in him. 16 For everything in the world—the cravings of sinful man,
the lust of his eyes and the boasting of what he has and does—comes not from the
Father but from the world. 17 The world and its desires pass away, but the man who
does the will of God lives forever.

Date.

Day 67 | 여호와께로 돌아오라

· 이사야 55:6-9

6 너희는 여호와를 만날 만한 때에 찾으라 가까이 계실 때에 그를 부르라

7 악인은 그의 길을, 불의한 자는 그의 생각을 버리고 여호와께로 돌아오라 그리하면 그가 긍휼히 여기시리라 우리 하나님께로 돌아오라 그가 너그럽게 용서하시리라

8 이는 내 생각이 너희의 생각과 다르며 내 길은 너희의 길과 다름이니라 여호와의 말씀이니라

9 이는 하늘이 땅보다 높음같이 내 길은 너희의 길보다 높으며 내 생각은 너희의 생각보다 높음이니라

NIV

6Seek the LORD while he may be found; call on him while he is near. 7Let the wicked forsake his way and the evil man his thoughts. Let him turn to the LORD, and he will have mercy on him, and to our God, for he will freely pardon. 8"For my thoughts are not your thoughts, neither are your ways my ways," declares the LORD. 9"As the heavens are higher than the earth, so are my ways higher than your ways and my thoughts than your thoughts.

Date.

PART 7. 지혜를 쓰다

Date.

Day 68 | 너의 행사를 여호와께 맡기라

· 잠언 16:1-4, 7-9

1 마음의 경영은 사람에게 있어도 말의 응답은 여호와께로부터 나오느니라

2 사람의 행위가 자기 보기에는 모두 깨끗하여도 여호와는 심령을 감찰하시느니라

3 너의 행사를 여호와께 맡기라 그리하면 네가 경영하는 것이 이루어지리라

4 여호와께서 온갖 것을 그 쓰임에 적당하게 지으셨나니 악인도 악한 날에 적당하게 하셨느니라

7 사람의 행위가 여호와를 기쁘시게 하면 그 사람의 원수라도 그와 더불어 화목하게 하시느니라

8 적은 소득이 공의를 겸하면 많은 소득이 불의를 겸한 것보다 나으니라

9 사람이 마음으로 자기의 길을 계획할지라도 그의 걸음을 인도하시는 이는 여호와시니라

NIV

1 To man belong the plans of the heart, but from the LORD comes the reply of the tongue. 2 All a man's ways seem innocent to him, but motives are weighed by the LORD. 3 Commit to the LORD whatever you do, and your plans will succeed. 4 The LORD works out everything for his own ends—even the wicked for a day of disaster. 7 When a man's ways are pleasing to the LORD, he makes even his enemies live at peace with him. 8 Better a little with righteousness than much gain with injustice. 9 In his heart a man plans his course, but the LORD determines his steps.

Date.

Day 69 | 천하 만사 다 때가 있나니

· 전도서 3:1-8

1 범사에 기한이 있고 천하 만사가 다 때가 있나니

2 날 때가 있고 죽을 때가 있으며 심을 때가 있고 심은 것을 뽑을 때
가 있으며

3 죽일 때가 있고 치료할 때가 있으며 헐 때가 있고 세울 때가 있으며

4 울 때가 있고 웃을 때가 있으며 슬퍼할 때가 있고 춤출 때가 있으며

5 돌을 던져 버릴 때가 있고 돌을 거둘 때가 있으며 안을 때가 있고
안는 일을 멀리 할 때가 있으며

6 찾을 때가 있고 잃을 때가 있으며 지킬 때가 있고 버릴 때가 있으며

7 찢을 때가 있고 꿰맬 때가 있으며 잠잠할 때가 있고 말할 때가 있
으며

8 사랑할 때가 있고 미워할 때가 있으며 전쟁할 때가 있고 평화할 때
가 있느니라

NIV

1There is a time for everything, and a season for every activity under heaven: 2a time
to be born and a time to die, a time to plant and a time to uproot, 3a time to kill and
a time to heal, a time to tear down and a time to build, 4a time to weep and a time to
laugh, a time to mourn and a time to dance, 5a time to scatter stones and a time to
gather them, a time to embrace and a time to refrain, 6a time to search and a time to
give up, a time to keep and a time to throw away, 7a time to tear and a time to mend, a
time to be silent and a time to speak, 8a time to love and a time to hate, a time for war
and a time for peace.

Date.

Day 70 | 네 마음을 지키라

· 잠언 4:23-27

23 모든 지킬 만한 것 중에 더욱 네 마음을 지키라 생명의 근원이 이
에서 남이니라

24 구부러진 말을 네 입에서 버리며 비뚤어진 말을 네 입술에서 멀리
하라

25 네 눈은 바로 보며 네 눈꺼풀은 네 앞을 곧게 살펴

26 네 발이 행할 길을 평탄하게 하며 네 모든 길을 든든히 하라

27 좌로나 우로나 치우치지 말고 네 발을 악에서 떠나게 하라

NIV

23 Above all else, guard your heart, for it is the wellspring of life. 24 Put away perversity from your mouth; keep corrupt talk far from your lips. 25 Let your eyes look straight ahead, fix your gaze directly before you. 26 Make level paths for your feet and take only ways that are firm. 27 Do not swerve to the right or the left; keep your foot from evil.

Date.

Day 71 | 지혜가 부족하거든

· 야고보서 1:2-8

2 내 형제들아 너희가 여러 가지 시험을 당하거든 온전히 기쁘게 여기라

3 이는 너희 믿음의 시련이 인내를 만들어 내는 줄 너희가 앎이라

4 인내를 온전히 이루라 이는 너희로 온전하고 구비하여 조금도 부족함이 없게 하려 함이라

5 너희 중에 누구든지 지혜가 부족하거든 모든 사람에게 후히 주시고 꾸짖지 아니하시는 하나님께 구하라 그리하면 주시리라

6 오직 믿음으로 구하고 조금도 의심하지 말라 의심하는 자는 마치 바람에 밀려 요동하는 바다 물결 같으니

7 이런 사람은 무엇이든지 주께 얻기를 생각하지 말라

8 두 마음을 품어 모든 일에 정함이 없는 자로다

NIV

[2]Consider it pure joy, my brothers, whenever you face trials of many kinds, [3]because
you know that the testing of your faith develops perseverance. [4]Perseverance must
finish its work so that you may be mature and complete, not lacking anything. [5]If any
of you lacks wisdom, he should ask God, who gives generously to all without finding
fault, and it will be given to him. [6]But when he asks, he must believe and not doubt,
because he who doubts is like a wave of the sea, blown and tossed by the wind. [7]That
man should not think he will receive anything from the Lord; [8]he is a double-minded
man, unstable in all he does.

Date.

Day 72 | 주의 말씀은 내 발에 등이요

· 시편 119:97-98, 101-105

97 내가 주의 법을 어찌 그리 사랑하는지요 내가 그것을 종일 작은 소리로 읊조리나이다

98 주의 계명들이 항상 나와 함께하므로 그것들이 나를 원수보다 지혜롭게 하나이다

101 내가 주의 말씀을 지키려고 발을 금하여 모든 악한 길로 가지 아니하였사오며

102 주께서 나를 가르치셨으므로 내가 주의 규례들에서 떠나지 아니하였나이다

103 주의 말씀의 맛이 내게 어찌 그리 단지요 내 입에 꿀보다 더 다니이다

104 주의 법도들로 말미암아 내가 명철하게 되었으므로 모든 거짓 행위를 미워하나이다

105 주의 말씀은 내 발에 등이요 내 길에 빛이니이다

NIV

[97]Oh, how I love your law! I meditate on it all day long. [98]Your commands make me
wiser than my enemies, for they are ever with me. [101]I have kept my feet from every
evil path so that I might obey your word. [102]I have not departed from your laws, for
you yourself have taught me. [103]How sweet are your words to my taste, sweeter than
honey to my mouth! [104]I gain understanding from your precepts; therefore I hate
every wrong path. [105]Your word is a lamp to my feet and a light for my path.

Date.

Day 73 | 여호와는 마음을 감찰하시느니라

· 잠언 21:1-5

1 왕의 마음이 여호와의 손에 있음이 마치 봇물과 같아서 그가 임의로 인도하시느니라

2 사람의 행위가 자기 보기에는 모두 정직하여도 여호와는 마음을 감찰하시느니라

3 공의와 정의를 행하는 것은 제사 드리는 것보다 여호와께서 기쁘게 여기시느니라

4 눈이 높은 것과 마음이 교만한 것과 악인이 형통한 것은 다 죄니라

5 부지런한 자의 경영은 풍부함에 이를 것이나 조급한 자는 궁핍함에 이를 따름이니라

NIV

1The king's heart is in the hand of the LORD; he directs it like a watercourse wherever he pleases. 2All a man's ways seem right to him, but the LORD weighs the heart. 3To do what is right and just is more acceptable to the LORD than sacrifice. 4Haughty eyes and a proud heart, the lamp of the wicked, are sin! 5The plans of the diligent lead to profit as surely as haste leads to poverty.

Date.

Day 74 | 여호와를 의지하는 자

· 잠언 29:22-27

22 노하는 자는 다툼을 일으키고 성내는 자는 범죄함이 많으니라

23 사람이 교만하면 낮아지게 되겠고 마음이 겸손하면 영예를 얻으리라

24 도둑과 짝하는 자는 자기의 영혼을 미워하는 자라 그는 저주를 들어도 진술하지 아니하느니라

25 사람을 두려워하면 올무에 걸리게 되거니와 여호와를 의지하는 자는 안전하리라

26 주권자에게 은혜를 구하는 자가 많으나 사람의 일의 작정은 여호와께로 말미암느니라

27 불의한 자는 의인에게 미움을 받고 바르게 행하는 자는 악인에게 미움을 받느니라

NIV

22 An angry man stirs up dissension, and a hot-tempered one commits many sins. 23 A
man's pride brings him low, but a man of lowly spirit gains honor. 24 The accomplice
of a thief is his own enemy; he is put under oath and dare not testify. 25 Fear of man
will prove to be a snare, but whoever trusts in the LORD is kept safe. 26 Many seek an
audience with a ruler, but it is from the LORD that man gets justice. 27 The righteous
detest the dishonest; the wicked detest the upright.

Date.

Day 75 | 주의 율례로 나를 가르치소서

· 시편 119:65-72

65 여호와여 주의 말씀대로 주의 종을 선대하셨나이다

66 내가 주의 계명들을 믿었사오니 좋은 명철과 지식을 내게 가르치소서

67 고난 당하기 전에는 내가 그릇 행하였더니 이제는 주의 말씀을 지키나이다

68 주는 선하사 선을 행하시오니 주의 율례들로 나를 가르치소서

69 교만한 자들이 거짓을 지어 나를 치려 하였사오나 나는 전심으로 주의 법도들을 지키리이다

70 그들의 마음은 살져서 기름덩이 같으나 나는 주의 법을 즐거워하나이다

71 고난 당한 것이 내게 유익이라 이로 말미암아 내가 주의 율례들을 배우게 되었나이다

72 주의 입의 법이 내게는 천천 금은보다 좋으니이다

NIV

65Do good to your servant according to your word, O LORD. 66Teach me knowledge
and good judgment, for I believe in your commands. 67Before I was afflicted I went
astray, but now I obey your word. 68You are good, and what you do is good; teach me
your decrees. 69Though the arrogant have smeared me with lies, I keep your precepts
with all my heart. 70Their hearts are callous and unfeeling, but I delight in your law.
71It was good for me to be afflicted so that I might learn your decrees. 72The law from
your mouth is more precious to me than thousands of pieces of silver and gold.

Date.

Day 76 | 불평하지 말라

· 시편 37:1-8

1 악을 행하는 자들 때문에 불평하지 말며 불의를 행하는 자들을 시기하지 말지어다

2 그들은 풀과 같이 속히 베임을 당할 것이며 푸른 채소같이 쇠잔할 것임이로다

3 여호와를 의뢰하고 선을 행하라 땅에 머무는 동안 그의 성실을 먹을 거리로 삼을지어다

4 또 여호와를 기뻐하라 그가 네 마음의 소원을 네게 이루어 주시리로다

5 네 길을 여호와께 맡기라 그를 의지하면 그가 이루시고

6 네 의를 빛같이 나타내시며 네 공의를 정오의 빛같이 하시리로다

7 여호와 앞에 잠잠하고 참고 기다리라 자기 길이 형통하며 악한 꾀를 이루는 자 때문에 불평하지 말지어다

8 분을 그치고 노를 버리며 불평하지 말라 오히려 악을 만들 뿐이라

NIV

1Do not fret because of evil men or be envious of those who do wrong; 2for like the grass they will soon wither, like green plants they will soon die away. 3Trust in the LORD and do good; dwell in the land and enjoy safe pasture. 4Delight yourself in the LORD and he will give you the desires of your heart. 5Commit your way to the LORD; trust in him and he will do this: 6He will make your righteousness shine like the dawn, the justice of your cause like the noonday sun. 7Be still before the LORD and wait patiently for him; do not fret when men succeed in their ways, when they carry out their wicked schemes. 8Refrain from anger and turn from wrath; do not fret—it leads only to evil.

Date.

Day 77 | 지혜자의 마음은 초상집에 있으되

· 전도서 7:1-5

1 좋은 이름이 좋은 기름보다 낫고 죽는 날이 출생하는 날보다 나으며

2 초상집에 가는 것이 잔칫집에 가는 것보다 나으니 모든 사람의 끝
이 이와 같이 됨이라 산 자는 이것을 그의 마음에 둘지어다

3 슬픔이 웃음보다 나음은 얼굴에 근심하는 것이 마음에 유익하기
때문이니라

4 지혜자의 마음은 초상집에 있으되 우매한 자의 마음은 혼인집에
있느니라

5 지혜로운 사람의 책망을 듣는 것이 우매한 자들의 노래를 듣는 것
보다 나으니라

NIV

[1]A good name is better than fine perfume, and the day of death better than the day of birth. [2]It is better to go to a house of mourning than to go to a house of feasting, for death is the destiny of every man; the living should take this to heart. [3]Sorrow is better than laughter, because a sad face is good for the heart. [4]The heart of the wise is in the house of mourning, but the heart of fools is in the house of pleasure. [5]It is better to heed a wise man's rebuke than to listen to the song of fools.

Date.

Day 78 | 여호와께서 네게 구하시는 것

· 미가 6:6-8

6 내가 무엇을 가지고 여호와 앞에 나아가며 높으신 하나님께 경배
할까 내가 번제물로 일 년 된 송아지를 가지고 그 앞에 나아갈까

7 여호와께서 천천의 숫양이나 만만의 강물 같은 기름을 기뻐하실까
내 허물을 위하여 내 맏아들을, 내 영혼의 죄로 말미암아 내 몸의
열매를 드릴까

8 사람아 주께서 선한 것이 무엇임을 네게 보이셨나니 여호와께서
네게 구하시는 것은 오직 정의를 행하며 인자를 사랑하며 겸손하
게 네 하나님과 함께 행하는 것이 아니냐

NIV

[6]With what shall I come before the LORD and bow down before the exalted God?
Shall I come before him with burnt offerings, with calves a year old? [7]Will the LORD
be pleased with thousands of rams, with ten thousand rivers of oil? Shall I offer my
firstborn for my transgression, the fruit of my body for the sin of my soul? [8]He has
showed you, O man, what is good. And what does the LORD require of you? To act
justly and to love mercy and to walk humbly with your God.

Date.

Day 79 | 지혜에 관한 지식이 더 유익함은

· 전도서 7:10-14

10 옛날이 오늘보다 나은 것이 어찌됨이냐 하지 말라 이렇게 묻는 것은 지혜가 아니니라

11 지혜는 유산같이 아름답고 햇빛을 보는 자에게 유익이 되도다

12 지혜의 그늘 아래에 있음은 돈의 그늘 아래에 있음과 같으나, 지혜에 관한 지식이 더 유익함은 지혜가 그 지혜 있는 자를 살리기 때문이니라

13 하나님께서 행하시는 일을 보라 하나님께서 굽게 하신 것을 누가 능히 곧게 하겠느냐

14 형통한 날에는 기뻐하고 곤고한 날에는 되돌아 보아라 이 두 가지를 하나님이 병행하게 하사 사람이 그의 장래 일을 능히 헤아려 알지 못하게 하셨느니라

NIV

[10]Do not say, "Why were the old days better than these?" For it is not wise to ask such questions. [11]Wisdom, like an inheritance, is a good thing and benefits those who see the sun. [12]Wisdom is a shelter as money is a shelter, but the advantage of knowledge is this: that wisdom preserves the life of its possessor. [13]Consider what God has done: Who can straighten what he has made crooked? [14]When times are good, be happy; but when times are bad, consider: God has made the one as well as the other. Therefore, a man cannot discover anything about his future.

Date.

Day 80 | 네 눈 속에서 들보를 빼라

· 누가복음 6:37-38, 41-42

37 비판하지 말라 그리하면 너희가 비판을 받지 않을 것이요 정죄하
지 말라 그리하면 너희가 정죄를 받지 않을 것이요 용서하라 그리
하면 너희가 용서를 받을 것이요

38 주라 그리하면 너희에게 줄 것이니 곧 후히 되어 누르고 흔들어
넘치도록 하여 너희에게 안겨 주리라 너희가 헤아리는 그 헤아림
으로 너희도 헤아림을 도로 받을 것이니라

41 어찌하여 형제의 눈 속에 있는 티는 보고 네 눈 속에 있는 들보는
깨닫지 못하느냐

42 너는 네 눈 속에 있는 들보를 보지 못하면서 어찌하여 형제에게
말하기를 형제여 나로 네 눈 속에 있는 티를 빼게 하라 할 수 있느
냐 외식하는 자여 먼저 네 눈 속에서 들보를 빼라 그 후에야 네가
밝히 보고 형제의 눈 속에 있는 티를 빼리라

NIV

[37]"Do not judge, and you will not be judged. Do not condemn, and you will not be condemned. Forgive, and you will be forgiven. [38]Give, and it will be given to you. A good measure, pressed down, shaken together and running over, will be poured into your lap. For with the measure you use, it will be measured to you." [41]"Why do you look at the speck of sawdust in your brother's eye and pay no attention to the plank in your own eye? [42]How can you say to your brother, 'Brother, let me take the speck out of your eye,' when you yourself fail to see the plank in your own eye? You hypocrite, first take the plank out of your eye, and then you will see clearly to remove the speck from your brother's eye.

Date.

PART 8. 사랑을 쓰다

Date.

Day 81 | 하나님이 세상을 이처럼 사랑하사

· 요한복음 3:16-21

16 하나님이 세상을 이처럼 사랑하사 독생자를 주셨으니 이는 그를
믿는 자마다 멸망하지 않고 영생을 얻게 하려 하심이라

17 하나님이 그 아들을 세상에 보내신 것은 세상을 심판하려 하심이
아니요 그로 말미암아 세상이 구원을 받게 하려 하심이라

18 그를 믿는 자는 심판을 받지 아니하는 것이요 믿지 아니하는 자는
하나님의 독생자의 이름을 믿지 아니하므로 벌써 심판을 받은 것
이니라

19 그 정죄는 이것이니 곧 빛이 세상에 왔으되 사람들이 자기 행위가
악하므로 빛보다 어둠을 더 사랑한 것이니라

20 악을 행하는 자마다 빛을 미워하여 빛으로 오지 아니하나니 이는
그 행위가 드러날까 함이요

21 진리를 따르는 자는 빛으로 오나니 이는 그 행위가 하나님 안에서
행한 것임을 나타내려 함이라 하시니라

NIV

16 "For God so loved the world that he gave his one and only Son, that whoever
believes in him shall not perish but have eternal life. 17 For God did not send his Son
into the world to condemn the world, but to save the world through him. 18 Whoever
believes in him is not condemned, but whoever does not believe stands condemned
already because he has not believed in the name of God's one and only Son. 19 This is
the verdict: Light has come into the world, but men loved darkness instead of light
because their deeds were evil. 20 Everyone who does evil hates the light, and will not
come into the light for fear that his deeds will be exposed. 21 But whoever lives by the
truth comes into the light, so that it may be seen plainly that what he has done has
been done through God."

Date.

Day 82 | 사랑은 오래 참고

· 고린도전서 13:4-8

4 사랑은 오래 참고 사랑은 온유하며 시기하지 아니하며 사랑은 자
랑하지 아니하며 교만하지 아니하며

5 무례히 행하지 아니하며 자기의 유익을 구하지 아니하며 성내지
아니하며 악한 것을 생각하지 아니하며

6 불의를 기뻐하지 아니하며 진리와 함께 기뻐하고

7 모든 것을 참으며 모든 것을 믿으며 모든 것을 바라며 모든 것을 견
디느니라

8 사랑은 언제까지나 떨어지지 아니하되 예언도 폐하고 방언도 그치
고 지식도 폐하리라

NIV

[4]Love is patient, love is kind. It does not envy, it does not boast, it is not proud.
[5]It is not rude, it is not self-seeking, it is not easily angered, it keeps no record of
wrongs. [6]Love does not delight in evil but rejoices with the truth. [7]It always protects,
always trusts, always hopes, always perseveres. [8]Love never fails. But where there are
prophecies, they will cease; where there are tongues, they will be stilled; where there is
knowledge, it will pass away.

Date.

Day 83 | 어느 계명이 크니이까

· 마태복음 22:35-40

35 그 중의 한 율법사가 예수를 시험하여 묻되

36 선생님 율법 중에서 어느 계명이 크니이까

37 예수께서 이르시되 네 마음을 다하고 목숨을 다하고 뜻을 다하여
주 너의 하나님을 사랑하라 하셨으니

38 이것이 크고 첫째 되는 계명이요

39 둘째도 그와 같으니 네 이웃을 네 자신같이 사랑하라 하셨으니

40 이 두 계명이 온 율법과 선지자의 강령이니라

NIV

35One of them, an expert in the law, tested him with this question: 36"Teacher, which is the greatest commandment in the Law?" 37Jesus replied: "'Love the Lord your God with all your heart and with all your soul and with all your mind.' 38This is the first and greatest commandment. 39And the second is like it: 'Love your neighbor as yourself.'
40All the Law and the Prophets hang on these two commandments."

Date.

Day 84 | 너희 원수를 사랑하며

· 누가복음 6:27-32

27 그러나 너희 듣는 자에게 내가 이르노니 너희 원수를 사랑하며 너희를 미워하는 자를 선대하며

28 너희를 저주하는 자를 위하여 축복하며 너희를 모욕하는 자를 위하여 기도하라

29 너의 이 뺨을 치는 자에게 저 뺨도 돌려대며 네 겉옷을 빼앗는 자에게 속옷도 거절하지 말라

30 네게 구하는 자에게 주며 네 것을 가져가는 자에게 다시 달라 하지 말며

31 남에게 대접을 받고자 하는 대로 너희도 남을 대접하라

32 너희가 만일 너희를 사랑하는 자만을 사랑하면 칭찬받을 것이 무엇이냐 죄인들도 사랑하는 자는 사랑하느니라

NIV

27 "But I tell you who hear me: Love your enemies, do good to those who hate you,
28 bless those who curse you, pray for those who mistreat you. 29 If someone strikes
you on one cheek, turn to him the other also. If someone takes your cloak, do not
stop him from taking your tunic. 30 Give to everyone who asks you, and if anyone
takes what belongs to you, do not demand it back. 31 Do to others as you would have
them do to you. 32 "If you love those who love you, what credit is that to you? Even
'sinners' love those who love them.

Date.

Day 85 | 마음을 다해 여호와를 사랑하라

· 신명기 6:4-9

4 이스라엘아 들으라 우리 하나님 여호와는 오직 유일한 여호와이
시니

5 너는 마음을 다하고 뜻을 다하고 힘을 다하여 네 하나님 여호와를
사랑하라

6 오늘 내가 네게 명하는 이 말씀을 너는 마음에 새기고

7 네 자녀에게 부지런히 가르치며 집에 앉았을 때에든지 길을 갈 때
에든지 누워 있을 때에든지 일어날 때에든지 이 말씀을 강론할 것
이며

8 너는 또 그것을 네 손목에 매어 기호를 삼으며 네 미간에 붙여 표로
삼고

9 또 네 집 문설주와 바깥 문에 기록할지니라

NIV

4 Hear, O Israel: The LORD our God, the LORD is one. 5 Love the LORD your
God with all your heart and with all your soul and with all your strength. 6 These
commandments that I give you today are to be upon your hearts. 7 Impress them on
your children. Talk about them when you sit at home and when you walk along the
road, when you lie down and when you get up. 8 Tie them as symbols on your hands
and bind them on your foreheads. 9 Write them on the doorframes of your houses and
on your gates.

Date.

Day 86 | 네가 나를 사랑하느냐

· 요한복음 21:15-17

15 그들이 조반 먹은 후에 예수께서 시몬 베드로에게 이르시되 요한
의 아들 시몬아 네가 이 사람들보다 나를 더 사랑하느냐 하시니
이르되 주님 그러하나이다 내가 주님을 사랑하는 줄 주님께서 아
시나이다 이르시되 내 어린 양을 먹이라 하시고

16 또 두 번째 이르시되 요한의 아들 시몬아 네가 나를 사랑하느냐
하시니 이르되 주님 그러하나이다 내가 주님을 사랑하는 줄 주님
께서 아시나이다 이르시되 내 양을 치라 하시고

17 세 번째 이르시되 요한의 아들 시몬아 네가 나를 사랑하느냐 하시
니 주께서 세 번째 네가 나를 사랑하느냐 하시므로 베드로가 근심
하여 이르되 주님 모든 것을 아시오매 내가 주님을 사랑하는 줄을
주님께서 아시나이다 예수께서 이르시되 내 양을 먹이라

NIV

[15]When they had finished eating, Jesus said to Simon Peter, "Simon son of John, do you truly love me more than these?" "Yes, Lord," he said, "you know that I love you." Jesus said, "Feed my lambs." [16]Again Jesus said, "Simon son of John, do you truly love me?" He answered, "Yes, Lord, you know that I love you." Jesus said, "Take care of my sheep." [17]The third time he said to him, "Simon son of John, do you love me?" Peter was hurt because Jesus asked him the third time, "Do you love me?" He said, "Lord, you know all things; you know that I love you." [18]Jesus said, "Feed my sheep."

Date.

Day 87 | 우리가 아직 죄인 되었을 때에

· 로마서 5:3-8

3 다만 이뿐 아니라 우리가 환난 중에도 즐거워하나니 이는 환난은 인내를,

4 인내는 연단을, 연단은 소망을 이루는 줄 앎이로다

5 소망이 우리를 부끄럽게 하지 아니함은 우리에게 주신 성령으로 말미암아 하나님의 사랑이 우리 마음에 부은 바 됨이니

6 우리가 아직 연약할 때에 기약대로 그리스도께서 경건하지 않은 자를 위하여 죽으셨도다

7 의인을 위하여 죽는 자가 쉽지 않고 선인을 위하여 용감히 죽는 자가 혹 있거니와

8 우리가 아직 죄인 되었을 때에 그리스도께서 우리를 위하여 죽으심으로 하나님께서 우리에 대한 자기의 사랑을 확증하셨느니라

NIV

[3]Not only so, but we also rejoice in our sufferings, because we know that suffering produces perseverance; [4]perseverance, character; and character, hope. [5]And hope does not disappoint us, because God has poured out his love into our hearts by the Holy Spirit, whom he has given us. [6]You see, at just the right time, when we were still powerless, Christ died for the ungodly. [7]Very rarely will anyone die for a righteous man, though for a good man someone might possibly dare to die. [8]But God demonstrates his own love for us in this: While we were still sinners, Christ died for us.

Date.

Day 88 | 누가 그 사랑에서 끊으리요

· 로마서 8:35-39

35 누가 우리를 그리스도의 사랑에서 끊으리요 환난이나 곤고나 박
해나 기근이나 적신이나 위험이나 칼이랴

36 기록된 바 우리가 종일 주를 위하여 죽임을 당하게 되며 도살 당
할 양같이 여김을 받았나이다 함과 같으니라

37 그러나 이 모든 일에 우리를 사랑하시는 이로 말미암아 우리가 넉
넉히 이기느니라

38 내가 확신하노니 사망이나 생명이나 천사들이나 권세자들이나
현재 일이나 장래 일이나 능력이나

39 높음이나 깊음이나 다른 어떤 피조물이라도 우리를 우리 주 그리
스도 예수 안에 있는 하나님의 사랑에서 끊을 수 없으리라

NIV

35 Who shall separate us from the love of Christ? Shall trouble or hardship or
persecution or famine or nakedness or danger or sword? 36 As it is written: "For your
sake we face death all day long; we are considered as sheep to be slaughtered." 37 No,
in all these things we are more than conquerors through him who loved us. 38 For I am
convinced that neither death nor life, neither angels nor demons, neither the present
nor the future, nor any powers, 39 neither height nor depth, nor anything else in all
creation, will be able to separate us from the love of God that is in Christ Jesus our
Lord.

Date.

Day 89 | 사랑은 율법의 완성이니라

· 로마서 13:8-10

8 피차 사랑의 빚 외에는 아무에게든지 아무 빚도 지지 말라 남을 사
랑하는 자는 율법을 다 이루었느니라

9 간음하지 말라, 살인하지 말라, 도둑질하지 말라, 탐내지 말라 한
것과 그 외에 다른 계명이 있을지라도 네 이웃을 네 자신과 같이
사랑하라 하신 그 말씀 가운데 다 들었느니라

10 사랑은 이웃에게 악을 행하지 아니하나니 그러므로 사랑은 율법
의 완성이니라

NIV

8Let no debt remain outstanding, except the continuing debt to love one another, for he who loves his fellowman has fulfilled the law. 9The commandments, "Do not commit adultery," "Do not murder," "Do not steal," "Do not covet," and whatever other commandment there may be, are summed up in this one rule: "Love your neighbor as yourself." 10Love does no harm to its neighbor. Therefore love is the fulfillment of the law.

Date.

Day 90 | 두 사람이 한 사람보다 나음은

· 전도서 4:9-12

9 두 사람이 한 사람보다 나음은 그들이 수고함으로 좋은 상을 얻을 것임이라

10 혹시 그들이 넘어지면 하나가 그 동무를 붙들어 일으키려니와 홀로 있어 넘어지고 붙들어 일으킬 자가 없는 자에게는 화가 있으리라

11 또 두 사람이 함께 누우면 따뜻하거니와 한 사람이면 어찌 따뜻하랴

12 한 사람이면 패하겠거니와 두 사람이면 맞설 수 있나니 세 겹 줄은 쉽게 끊어지지 아니하느니라

NIV

9Two are better than one, because they have a good return for their work: 10If one
falls down, his friend can help him up. But pity the man who falls and has no one to
help him up! 11Also, if two lie down together, they will keep warm. But how can one
keep warm alone? 12Though one may be overpowered, two can defend themselves. A
cord of three strands is not quickly broken.

Date.

Day 91 | 우리가 서로 사랑하자

· 요한일서 4:7-12

7 사랑하는 자들아 우리가 서로 사랑하자 사랑은 하나님께 속한 것
이니 사랑하는 자마다 하나님으로부터 나서 하나님을 알고

8 사랑하지 아니하는 자는 하나님을 알지 못하나니 이는 하나님은
사랑이심이라

9 하나님의 사랑이 우리에게 이렇게 나타난 바 되었으니 하나님이
자기의 독생자를 세상에 보내심은 그로 말미암아 우리를 살리려
하심이라

10 사랑은 여기 있으니 우리가 하나님을 사랑한 것이 아니요 하나님
이 우리를 사랑하사 우리 죄를 속하기 위하여 화목제물로 그 아들
을 보내셨음이라

11 사랑하는 자들아 하나님이 이같이 우리를 사랑하셨은즉 우리도
서로 사랑하는 것이 마땅하도다

12 어느 때나 하나님을 본 사람이 없으되 만일 우리가 서로 사랑하면
하나님이 우리 안에 거하시고 그의 사랑이 우리 안에 온전히 이루
어지느니라

NIV

[7]Dear friends, let us love one another, for love comes from God. Everyone who loves has been born of God and knows God. [8]Whoever does not love does not know God, because God is love. [9]This is how God showed his love among us: He sent his one and only Son into the world that we might live through him. [10]This is love: not that we loved God, but that he loved us and sent his Son as an atoning sacrifice for our sins. [11]Dear friends, since God so loved us, we also ought to love one another. [12]No one has ever seen God; but if we love one another, God lives in us and his love is made complete in us.

Date.

PART 9. 찬양을 쓰다

Date.

Day 92 | 그를 찬송할지로다

· 시편 107:8-14

8 여호와의 인자하심과 인생에게 행하신 기적으로 말미암아 그를 찬송할지로다

9 그가 사모하는 영혼에게 만족을 주시며 주린 영혼에게 좋은 것으로 채워주심이로다

10 사람이 흑암과 사망의 그늘에 앉으며 곤고와 쇠사슬에 매임은

11 하나님의 말씀을 거역하며 지존자의 뜻을 멸시함이라

12 그러므로 그가 고통을 주어 그들의 마음을 겸손하게 하셨으니 그들이 엎드러져도 돕는 자가 없었도다

13 이에 그들이 그 환난 중에 여호와께 부르짖으매 그들의 고통에서 구원하시되

14 흑암과 사망의 그늘에서 인도하여 내시고 그들의 얽어 맨 줄을 끊으셨도다

NIV

[8]Let them give thanks to the LORD for his unfailing love and his wonderful deeds for men, [9]for he satisfies the thirsty and fills the hungry with good things. [10]Some sat in darkness and the deepest gloom, prisoners suffering in iron chains, [11]for they had rebelled against the words of God and despised the counsel of the Most High. [12]So he subjected them to bitter labor; they stumbled, and there was no one to help. [13]Then they cried to the LORD in their trouble, and he saved them from their distress. [14]He brought them out of darkness and the deepest gloom and broke away their chains.

Date.

Day 93 | 주의 이름이 어찌 그리 아름다운지요

· 시편 8:1-5

1 여호와 우리 주여 주의 이름이 온 땅에 어찌 그리 아름다운지요 주의 영광이 하늘을 덮었나이다

2 주의 대적으로 말미암아 어린 아이들과 젖먹이들의 입으로 권능을 세우심이여 이는 원수들과 보복자들을 잠잠하게 하려 하심이니이다

3 주의 손가락으로 만드신 주의 하늘과 주께서 베풀어 두신 달과 별들을 내가 보오니

4 사람이 무엇이기에 주께서 그를 생각하시며 인자가 무엇이기에 주께서 그를 돌보시나이까

5 그를 하나님보다 조금 못하게 하시고 영화와 존귀로 관을 씌우셨나이다

NIV

1O LORD, our Lord, how majestic is your name in all the earth! You have set your glory above the heavens. 2From the lips of children and infants you have ordained praise because of your enemies, to silence the foe and the avenger. 3When I consider your heavens, the work of your fingers, the moon and the stars, which you have set in place, 4what is man that you are mindful of him, the son of man that you care for him? 5You made him a little lower than the heavenly beings and crowned him with glory and honor.

Date.

Day 94 | 슬픔이 변하여 춤이 되게 하시며

· 시편 30:6-12

6 내가 형통할 때에 말하기를 영원히 흔들리지 아니하리라 하였도다

7 여호와여 주의 은혜로 나를 산같이 굳게 세우셨더니 주의 얼굴을
가리시매 내가 근심하였나이다

8 여호와여 내가 주께 부르짖고 여호와께 간구하기를

9 내가 무덤에 내려갈 때에 나의 피가 무슨 유익이 있으리요 진토가
어떻게 주를 찬송하며 주의 진리를 선포하리이까

10 여호와여 들으시고 내게 은혜를 베푸소서 여호와여 나를 돕는 자
가 되소서 하였나이다

11 주께서 나의 슬픔이 변하여 내게 춤이 되게 하시며 나의 베옷을
벗기고 기쁨으로 띠 띠우셨나이다

12 이는 잠잠하지 아니하고 내 영광으로 주를 찬송하게 하심이니 여
호와 나의 하나님이여 내가 주께 영원히 감사하리이다

NIV

6When I felt secure, I said, "I will never be shaken." 7O LORD, when you favored
me, you made my mountain stand firm; but when you hid your face, I was dismayed.
8To you, O LORD, I called; to the Lord I cried for mercy: 9"What gain is there in my
destruction, in my going down into the pit? Will the dust praise you? Will it proclaim
your faithfulness? 10Hear, O LORD, and be merciful to me; O LORD, be my help."
11You turned my wailing into dancing; you removed my sackcloth and clothed me with
joy, 12that my heart may sing to you and not be silent. O LORD my God, I will give
you thanks forever.

Date.

Day 95 | 감사함으로 그의 문에 들어가며

· 시편 100:1-5

1 온 땅이여 여호와께 즐거운 찬송을 부를지어다

2 기쁨으로 여호와를 섬기며 노래하면서 그의 앞에 나아갈지어다

3 여호와가 우리 하나님이신 줄 너희는 알지어다 그는 우리를 지으신 이요 우리는 그의 것이니 그의 백성이요 그의 기르시는 양이로다

4 감사함으로 그의 문에 들어가며 찬송함으로 그의 궁정에 들어가서 그에게 감사하며 그의 이름을 송축할지어다

5 여호와는 선하시니 그의 인자하심이 영원하고 그의 성실하심이 대대에 이르리로다

NIV

1 Shout for joy to the LORD, all the earth. 2 Worship the LORD with gladness; come before him with joyful songs. 3 Know that the LORD is God. It is he who made us, and we are his; we are his people, the sheep of his pasture. 4 Enter his gates with thanksgiving and his courts with praise; give thanks to him and praise his name. 5 For the LORD is good and his love endures forever; his faithfulness continues through all generations.

Date.

PART 10. 축복을 쓰다

Date.

Day 96 | 심령이 가난한 자는 복이 있나니

· 마태복음 5:3-10

3 심령이 가난한 자는 복이 있나니 천국이 그들의 것임이요

4 애통하는 자는 복이 있나니 그들이 위로를 받을 것임이요

5 온유한 자는 복이 있나니 그들이 땅을 기업으로 받을 것임이요

6 의에 주리고 목마른 자는 복이 있나니 그들이 배부를 것임이요

7 긍휼히 여기는 자는 복이 있나니 그들이 긍휼히 여김을 받을 것임
이요

8 마음이 청결한 자는 복이 있나니 그들이 하나님을 볼 것임이요

9 화평하게 하는 자는 복이 있나니 그들이 하나님의 아들이라 일컬
음을 받을 것임이요

10 의를 위하여 박해를 받은 자는 복이 있나니 천국이 그들의 것임
이라

NIV

[3]"Blessed are the poor in spirit, for theirs is the kingdom of heaven. [4]Blessed are those who mourn, for they will be comforted. [5]Blessed are the meek, for they will inherit the earth. [6]Blessed are those who hunger and thirst for righteousness, for they will be filled. [7]Blessed are the merciful, for they will be shown mercy. [8]Blessed are the pure in heart, for they will see God. [9]Blessed are the peacemakers, for they will be called sons of God. [10]Blessed are those who are persecuted because of righteousness, for theirs is the kingdom of heaven.

Date.

Day 97 | 은혜 베푸시기를 원하며

· 민수기 6:22-27

22 여호와께서 모세에게 말씀하여 이르시되

23 아론과 그의 아들들에게 말하여 이르기를 너희는 이스라엘 자손
을 위하여 이렇게 축복하여 이르되

24 여호와는 네게 복을 주시고 너를 지키시기를 원하며

25 여호와는 그의 얼굴을 네게 비추사 은혜 베푸시기를 원하며

26 여호와는 그 얼굴을 네게로 향하여 드사 평강 주시기를 원하노라
할지니라 하라

27 그들은 이같이 내 이름으로 이스라엘 자손에게 축복할지니 내가
그들에게 복을 주리라

NIV

[22]The LORD said to Moses, [23]"Tell Aaron and his sons, 'This is how you are to bless the Israelites. Say to them: [24]" ' "The LORD bless you and keep you; [25]the LORD make his face shine upon you and be gracious to you; [26]the LORD turn his face toward you and give you peace." ' [27]"So they will put my name on the Israelites, and I will bless them."

Date.

Day 98 | 복 있는 사람은

· 시편 1:1-6

1 복 있는 사람은 악인들의 꾀를 따르지 아니하며 죄인들의 길에 서지 아니하며 오만한 자들의 자리에 앉지 아니하고

2 오직 여호와의 율법을 즐거워하여 그의 율법을 주야로 묵상하는도다

3 그는 시냇가에 심은 나무가 철을 따라 열매를 맺으며 그 잎사귀가 마르지 아니함 같으니 그가 하는 모든 일이 다 형통하리로다

4 악인들은 그렇지 아니함이여 오직 바람에 나는 겨와 같도다

5 그러므로 악인들은 심판을 견디지 못하며 죄인들이 의인들의 모임에 들지 못하리로다

6 무릇 의인들의 길은 여호와께서 인정하시나 악인들의 길은 망하리로다

NIV

[1]Blessed is the man who does not walk in the counsel of the wicked or stand in the
way of sinners or sit in the seat of mockers. [2]But his delight is in the law of the
LORD, and on his law he meditates day and night. [3]He is like a tree planted by streams
of water, which yields its fruit in season and whose leaf does not wither. Whatever
he does prospers. [4]Not so the wicked! They are like chaff that the wind blows away.
[5]Therefore the wicked will not stand in the judgment, nor sinners in the assembly of
the righteous. [6]For the LORD watches over the way of the righteous, but the way of
the wicked will perish.

Date.

Day 99 | 죄가 가려진 자는 복이 있도다

· 시편 32:1-7

1 허물의 사함을 받고 자신의 죄가 가려진 자는 복이 있도다

2 마음에 간사함이 없고 여호와께 정죄를 당하지 아니하는 자는 복
이 있도다

3 내가 입을 열지 아니할 때에 종일 신음하므로 내 뼈가 쇠하였도다

4 주의 손이 주야로 나를 누르시오니 내 진액이 빠져서 여름 가뭄에
마름같이 되었나이다 (셀라)

5 내가 이르기를 내 허물을 여호와께 자복하리라 하고 주께 내 죄를
아뢰고 내 죄악을 숨기지 아니하였더니 곧 주께서 내 죄악을 사하
셨나이다 (셀라)

6 이로 말미암아 모든 경건한 자는 주를 만날 기회를 얻어서 주께 기
도할지라 진실로 홍수가 범람할지라도 그에게 미치지 못하리이다

7 주는 나의 은신처이오니 환난에서 나를 보호하시고 구원의 노래로
나를 두르시리이다 (셀라)

NIV

1Blessed is he whose transgressions are forgiven, whose sins are covered. 2Blessed is
the man whose sin the LORD does not count against him and in whose spirit is no
deceit. 3When I kept silent, my bones wasted away through my groaning all day long.
4For day and night your hand was heavy upon me; my strength was sapped as in the
heat of summer. Selah 5Then I acknowledged my sin to you and did not cover up
my iniquity. I said, "I will confess my transgressions to the LORD"—and you forgave
the guilt of my sin. Selah 6Therefore let everyone who is godly pray to you while you
may be found; surely when the mighty waters rise, they will not reach him. 7You are
my hiding place; you will protect me from trouble and surround me with songs of
deliverance. Selah

Date.

Day 100 | 하늘에 속한 신령한 복

· 에베소서 1:3-6

3 찬송하리로다 하나님 곧 우리 주 예수 그리스도의 아버지께서 그
리스도 안에서 하늘에 속한 모든 신령한 복을 우리에게 주시되

4 곧 창세 전에 그리스도 안에서 우리를 택하사 우리로 사랑 안에서
그 앞에 거룩하고 흠이 없게 하시려고

5 그 기쁘신 뜻대로 우리를 예정하사 예수 그리스도로 말미암아 자
기의 아들들이 되게 하셨으니

6 이는 그가 사랑하시는 자 안에서 우리에게 거저 주시는 바 그의 은
혜의 영광을 찬송하게 하려는 것이라

NIV

[3]Praise be to the God and Father of our Lord Jesus Christ, who has blessed us in the
heavenly realms with every spiritual blessing in Christ. [4]For he chose us in him before
the creation of the world to be holy and blameless in his sight. In love [5]he predestined
us to be adopted as his sons through Jesus Christ, in accordance with his pleasure and
will—[6]to the praise of his glorious grace, which he has freely given us in the One he
loves.

Date.

하루 한 장 성경 필사

1판 1쇄 2025년 5월 30일
1판 5쇄 2026년 2월 20일

발행인 조애신
책임편집 이소연
디자인 임은미
마케팅 전필영
경영지원 전두표

발행처 도서출판 토기장이
주소 서울시 마포구 동교로 71-1 2F
출판등록 1998년 5월 29일 제1998-000070호
전화 02-3143-0400
팩스 0505-300-0646
이메일 tletter77@naver.com
인스타그램 togijangi_books_

ISBN 978-89-7782-549-9

도서출판 토기장이는 생명 있는 책만 만듭니다.
"우리는 진흙이요 주는 토기장이시니 우리는 다 주의 손으로 지으신 것이니이다" (이사야 64:8)

값 15,000원

하루 한 장 성경 필사

ISBN 978-89-7782-549-9 (03230)